唐海燕 陈爱萍 编著

梦山书系

让儿童的学习看得见

——幼儿园视觉化学习环境建设实用手册

海峡出版发行集团｜福建教育出版社

图书在版编目（CIP）数据

让儿童的学习看得见：幼儿园视觉化学习环境建设实用手册/唐海燕，陈爱萍编著．—福州：福建教育出版社，2022.11（2025.7重印）
　ISBN 978-7-5334-9449-0

　Ⅰ.①让… Ⅱ.①唐…②陈… Ⅲ.①学前教育－教学研究 Ⅳ.①G612

中国版本图书馆CIP数据核字（2022）第130910号

Rang Ertong De Xuexi Kan De Jian
让儿童的学习看得见
——幼儿园视觉化学习环境建设实用手册
唐海燕　陈爱萍　编著

出版发行	福建教育出版社
	（福州市梦山路27号　邮编：350025　网址：www.fep.com.cn）
	编辑部电话：0591-83726908
	发行部电话：0591-83721876　87115073　010-62024258）
出 版 人	江金辉
印　　刷	福州德安彩色印刷有限公司
	（福州市金山工业区浦上标准厂房B区42栋）
开　　本	710毫米×1000毫米　1/16
印　　张	16
字　　数	220千字
插　　页	3
版　　次	2022年11月第1版　2025年7月第3次印刷
书　　号	ISBN 978-7-5334-9449-0
定　　价	59.00元

如发现本书印装质量问题，请向本社出版科（电话：0591-83726019）调换。

序 一

让儿童的成长看得见

江苏省南通市教育科学研究院 陈爱萍

  文学，让看不见的看见，在文学家的笔触中，我们看见了原先看不见的人性的幽微与光芒；科学，让看不见的看见，在科学家的仪器中，我们看见了肉眼看不见的粒子之微与微生物之细；心理学，让看不见的看见，在心理学家的研究中，我们看见了原先看不见的心理变化的脉络；教育，让看不见的看见，在教育工作者的研究及实践中，我们看见了原先看不见的儿童的学习与成长。文明与科学的进步源自于我们拥有更清澈的眼光与更辽远的识见，并炼就了我们"内视"的眼力。

  "他在这个世界中，然而这个世界却不解他。"对人的理解是世界上最为复杂、最为困难、最为深奥的学问，对于人的学习及成长规律的揭示更是最为复杂、最为困难、最为深奥的。面对儿童就是面对无限可能，面对儿童就是面对无限的神秘，面对儿童就是面对……儿童是我们向未来传递的生命密码，探索儿童成长的秘密是教育教学永恒的真谛。人类从各个学科、各种视角去研究，去审察，都无法完全解开儿童成长之谜，但完全有可能在既有认

知的基础上不断推进，获得新的理解。教育研究及实践者被赋予的神圣使命就是在每天与儿童的交往中热爱儿童、观察儿童、研究儿童、理解儿童、引导儿童，从而和儿童一起"发现儿童""创造儿童"。只有这样，我们才能抵达"让儿童的学习看得见"的境地，才能抵达"让儿童的成长看得见"的境地。

"可见的学习"来自于新西兰著名的教育研究专家约翰·哈蒂的研究。哈蒂教授及其团队使用元分析的方法整理了自20世纪70年代末以来国际上关于教与学研究的主要成果，通过综合900余项元分析，对迄今为止已经发现的、可靠的学习因素按照效应量的大小进行了排序，并对这些因素及其影响逐一进行了分析和总结，提出了"可见的学习原则"。简单地说，教师要看得见自己的教对学生的学所产生的影响；为此，教师要成为自己教学的学习者，而学生要成为自己学习的教学者。只有看得见的学习，才是值得信赖的学习，才是科学的学习，才是可以引导的学习。

只有让儿童的学习看得见，才能让儿童的成长看得见。

基于此，如东幼儿园的老师们所致力的"让儿童的学习看得见"儿童教育活动研究显得意义重大。他们认为，在影响儿童学习及成长的诸多要素中，环境要素的力量与作用是重大的。环境的教育力如空气中的元素自然而然地渗入人的心灵深处。它对人的作用潜移默化、潜滋暗长。然而，环境的影响不是静态的，而是通过与人的交互活动动态形成的。因此，他们着力于"幼儿园视觉化学习环境建设"的理论研究及实践探索。他们积累了"幼儿园视觉化学习环境建设"的如东经验："三墙一名片"建设到位，让儿童的学习看得见；教学内容图像表达，让儿童的思维看得见；班级收纳规范有序，让儿童的成长看得见。比如签到墙的创意设计，把原本简单的点名，拓展成富有意蕴的课程，"幼儿在感知自主签到快乐的同时也掌握了一些技能，习得了相

关经验，他们的数学、逻辑、观察、交往、操作、自主学习等能力都得到了发展，自我管理的能力也得以增强，幼儿园的生活也有了一份仪式感"。将习以为常的常规进行创造性的生发，就可以化平淡为绚烂，化平凡为辉煌。诸如此类的创意为"视觉化学习环境建设"增添了活力、生机，饱含着绵长的教育意味。正如杜威认为，教育是一个改造的过程，教育者必须为儿童提供必要的教育环境和指导，但这一"指导并不是从外部强加的，指导就是把生活过程解放出来，使它最充分地实现自己"。如东各幼儿园经过三年的环境创建变革，呈现出"生长性""生命化""多样性""儿童化"的样态，国内不少省份的幼儿园前来参观学习，在全国多地取得一定的影响。《让儿童的学习看得见——幼儿园视觉化学习环境建设实用手册》正是这一实践成果的结晶。

  在这本书中，儿童的学习看得见，儿童的成长看得见；幼儿园视觉化学习环境建设的策略与方法看得见；教师的专业成长也看得见，幼儿园的内涵式发展也看得见！我相信，翻开本书，用看得见的学习，进行幼儿园环境建设变革，那么，每个儿童、每个教师、每个班级、每个幼儿园的成长都会看得见！

序 二

幼儿园视觉化学习环境的建设之旅

江苏省如东县教师发展中心　唐海燕

  传统的幼儿园班级环境以教师创设为主，每当新学期开学之际，班级教师就开始为环境布置而忙碌，通过剪贴画写，在活动室墙面上贴满了各种图片与文字，如装饰性图案、童话故事，还有要求孩子们遵守的各种行为规则等，一般张贴得还比较高，生怕孩子会弄坏它。但是在布置这些环境时，老师们却很少去思考这样的环境与孩子有什么关系，老师们写的这么多规则孩子们是否看得懂。这样的环境一般一学期甚至一学年都不会变，目前这样的环境创设方式在很多地方依然还存在着。

  自2014年江苏推进幼儿园课程游戏化项目建设以来，江苏各地幼儿园环境发生了翻天覆地的变化，从以教师为中心的环境开始走向以儿童为中心，从单一的装饰性环境开始走向师幼、幼幼互动型环境，在环境建设中更加关注儿童的主动性、参与度，更加凸显儿童的学习过程，努力发挥环境在儿童成长中的教育作用。根据3~6岁儿童思维是以具体形象思维为主的特点，在学习了关于思维导图的相关资料之后，2019年起，我们把思维导图引入幼儿

园班级环境与课程建设中，旨在通过可视化学习环境营造，引发儿童更深入的学习与思考，并达到改善师幼思维品质，提高师幼思维质量的目的。

"三墙一名片"建设到位，让儿童的学习看得见。"三墙"即幼儿园班级的生活墙、区域墙、课程墙。生活墙，一般包括儿童入园时的签到、自主点心情况、每日天气播报、自主选择区域游戏情况、班级公约等等。课程游戏化项目建设之前，班级生活墙内容单一，只有天气预报或班级公约等，而且都是教师布置的，与儿童的学习与生活关联度不大。《江苏省学前教育教研工作意见》明确提出，要在儿童入园离园、饮水餐点、散步午休、穿衣如厕等各个生活环节发现幼儿学习和发展的契机，实现生活的教育价值。根据意见要求，结合儿童身心发展需要，我们规定幼儿园各班要创设内容丰富的生活墙，同时明确提出儿童是生活墙建设的主人之一，教师不仅要和儿童一起策划建设生活墙，还要引导儿童用统计图等方式汇总儿童的生活与学习。如班级气象角，值日生每天早晨来园记录天气情况，一个月后，教师引导儿童用柱状图统计每个月不同的天气状况，如晴天、雨天、阴天分别是多少天，一个月中，哪种天气最多，哪种天气最少等等，把数运算和统计等核心经验蕴含于其中，让儿童在生活中学习，在生活中提高。

区域墙：就是与班级不同区域内容相匹配的墙面呈现。以往幼儿园以集体教学为主，区域设置很少，因而也就没有区域墙可言。课程游戏化项目建设以来，各班区域丰富了，区域墙如何创设也就成为老师们关注的问题。通过和县域内骨干园长、教师的研讨，我们认为班级区域墙内容要与本区域内的游戏有关联，可以是玩法的提示，如美工区的折纸示意图，科学区的实验步骤，建构区的建筑图示等；也可以是儿童作品的展示，如儿童好的建构作品，儿童好的手工作品等等，从而使得区域墙也成为儿童学习与展示自我的舞台。

课程墙：即儿童参与课程研究的过程性资料在墙面上的呈现。传统的课程墙，一般被教师当作班级儿童美术作品的展示栏，更多是儿童学习结果的展示。项目建设以来，我们借力思维导图，充分发挥课程墙环境的教育作用，让儿童在与环境的互动中学习与思考。如在蚂蚁课程研究之初，教师引导幼儿用气泡图来表征，关于蚂蚁他们已经知道了什么，还想知道什么；研究之中，引导幼儿用双气泡图呈现蚂蚁与蜜蜂的异同；研究之后，再引导幼儿用流程图或线索等表达对蚂蚁的整体认知。儿童边研究边把这些过程性资料呈现在主题墙上，这样的主题墙不仅成为儿童学习的有效载体，还能引发儿童进一步探究昆虫秘密的兴趣与热情。

班级名片：即班级教师、儿童构成等情况的呈现。班级名片代替了传统的家园共育栏，只是高度降低了，略高于班级幼儿的身高，便于他们与之互动。在后疫情时代，家长不可进入幼儿园，因而承担家园联系任务的共育栏就完成了历史性的使命。班级名片可展示班级大家庭的情况，如班级幼儿的性别情况，如男生多少个、女生多少个，身高超过一米二的有多少个，低于一米二的有多少个，体重超过 35 斤的有多少个，姓名中有 3 个字的孩子有多少个等等，也可展示儿童的独特之处，如故事大王、光盘明星等等，和幼儿一起以他们看得懂的方式予以呈现，从而真正发挥环境的育人功能。

班级收纳规范有序，让儿童的成长看得见。 生活是课程的源泉，幼儿园的一日生活皆课程。玩具收纳、游戏材料收纳是班级的生活内容之一，良好的收纳习惯可以受用终身。因此，我们把班级收纳作为儿童习惯养成的重要内容，要求各个幼儿园不仅做到橱柜收纳有标志，还要通过标志引发儿童的多元学习。如加减运算对应（橱上是答案标志，玩具篓子上是算式）、汉字图文匹配（橱柜上是汉字标志，玩具篓子上是图像）、食物链对应（橱柜上是鱼标志，玩具篓子上是猫标志）等等，这些标志可以由儿童来自主设计，还可

以不断变化。从班级收纳拓展到家庭收纳，从收纳物品上升到收纳思维，使得孩子们的思维更为严谨和有序。

教学内容图像表达，让儿童的思维看得见。思维导图不仅能在幼儿园的班级环境中使用，还能运用于各领域教学活动中。在集体教学活动时，老师们将教学内容做图像化的表征，从而借助生动的图像加深儿童对事物的学习与理解。如在歌唱或舞蹈教学中我们使用的图谱，以及在故事教学中，我们使用的思维导图。通过图谱或思维导图，帮助儿童理解歌曲、舞蹈、故事中的歌词、情节、人物形象以及人物之间的关系。如大班故事"动物职业介绍所"的思维导图，就把零散的"点"变为系统的"网"，抽象的"字"变为了具象的"图"。孩子们通过这样一张形象生动的网络图，就能很快地理解故事情节和故事中的角色关系，还能在此基础之上进行创编。

通过近 3 年的环境变革，如东各幼儿园班级环境呈现出特有的样态：一是高度降低，降到儿童可以和墙面环境互动的高度；二是装饰去除，那些与儿童学习没有关系却需要教师花很多时间来制作的装饰物没有了；三是儿童的参与度更高了，环境中随处可见不同年龄阶段儿童的表达与表征；四是环境真正成为了支架儿童学习的有效载体，他们在与环境的互动中学习着、思考着。其实，环境的变革过程也是教师的教育教学理念不断完善、不断更新的过程。在三年的环境变革研究中，如东形成了较为丰富的环境建设案例，如小中大班不同水平的、逐步升级的、蕴含着不同核心经验的签到墙、区域墙、课程墙等，这些环境建设案例得到了来自陕西、山西、湖南、湖北、江苏等全国多地老师的肯定和鼓励。如东视觉化学习环境建设的实践经验也在全国多地进行介绍与分享。《福建教育》刊发了如东视觉化学习环境建设的研究成果。

今天，我们把老师们研发的环境建设案例，汇集成《让儿童的学习看得见——幼儿园视觉化学习环境建设实用手册》一书出版。环境案例研发者既有来自县城示范园的骨干教师，也有来自农村幼儿园的年轻老师。本书分为"三墙一名片"可视化环境建设、"班级收纳"具象化图标的应用、思维导图在集体活动中的运用三个章节，以图文并茂的方式进行呈现，旨在让广大一线教师一看就能模仿，一看就能操作，一看还能引发更多的联想，从而使得班级环境真正成为有效的课程资源，成为儿童良好思维品质养成的不竭之源。

目 录

第一辑 "三墙一名片"可视化环境建设

生 活 墙

签到墙：今天，我来了 …………………………………… 3
餐点墙：今天你吃了吗？ ………………………………… 54
值日生墙：我们真能干 …………………………………… 70
气象墙：今天是什么天气？ ……………………………… 75

区 域 墙

科学区：你最喜欢玩什么科学游戏？ …………………… 82
数学区：你最喜欢玩的数学游戏是什么？ ……………… 91
阅读区：你喜欢看什么书？ ……………………………… 116
建构区：今天你想搭建什么？ …………………………… 124
棋类区：你会玩什么棋？ ………………………………… 129

课 程 墙

小班入园课程：午安宝贝 ………………………………… 133
中班社会课程：我的爸爸 ………………………………… 135
中班生活课程："藕"遇 …………………………………… 136
中班生活课程：我和小床的故事 ………………………… 138
中班科学课程：遗失的羽毛 ……………………………… 140
中班运动课程：有氧运动哑铃操 ………………………… 141

大班科学课程：电影诞生记 …………… 143
大班生命课程：与小黄相伴的日子 ……… 145
大班科学课程：拥抱冬天 ………………… 148
大班科学课程：你好，冬天 ……………… 150
大班科学课程：管子那些事 ……………… 152
大班升班课程：我上大班了 ……………… 153

班级名片
小班班级名片 ……………………………… 156
中班班级名片 ……………………………… 160
大班班级名片 ……………………………… 166

第二辑 "班级收纳"具象化图标的应用
小班收纳 …………………………………… 179
中班收纳 …………………………………… 184
大班收纳 …………………………………… 195

第三辑 思维导图在集体活动中的运用
中班语言活动：说颠倒 …………………… 213
大班语言活动：我最爱祖国 ……………… 217
大班韵律活动：猴子学样 ………………… 225
大班韵律活动：编花篮 …………………… 233
元宵庆祝活动：思维导图让猜谜活动更有趣 ……… 237

后　记………………………………………… 243

第一辑
"三墙一名片"可视化环境建设

生 活 墙

签到墙：今天，我来了

幼儿园的一天从"早安签到墙"开始。小小的签到墙，不仅是幼儿班级生活的重要组成部分，还隐含了教育的契机和意义，幼儿在感知自主签到快乐的同时掌握了一些技能，习得相关经验，他们的数学、科学等核心经验得以逐步提升，观察、动手操作、人际交往、自主学习、自我管理等能力得到发展。自主签到也使得幼儿的在园生活多了一份仪式感。

（一）

适用班级：小班

材料准备：纸盘4个、情绪图片、若干夹子、幼儿照片、花麻绳两段。

签到方法：1.0版

1. 开学初，针对小班幼儿还存在分离焦虑的特点，运用性别、情绪两个维度进行签到。

2. 粉色代表女生，蓝色表示男生。男女两个区域分别有两个情绪盘，上面表示开心，下面则表示有点不开心。

3. 每天来园后，到两侧绳子上找到自己的照片夹子，然后根据自己的心情选择夹在哪一个情绪盘子上。

4.班级教师通过观察留在绳子上的照片夹子知道今天有哪些孩子缺席,这样的低难度设计可以让孩子们轻松掌握签到的方法,呈现并释放自己入园情绪。

经验获得:

1.能分清自己是男孩还是女孩,知道并表达自己的情绪是开心还是不开心。

2.养成按时来园的好习惯。

3.锻炼手部小肌肉的动作,能熟练地把夹子夹在相应位置。

签到方法:2.0版

1.1.0版签到实施一个多月后,结合小班幼儿的数学核心经验加入图形元素。

2.每天来园后先掷骰子,骰子上分别有三角形、圆形、正方形这三个形状,掷到什么形状的图形就把自己的夹子夹到相应的图形上去。

经验获得:

1.能分辨三角形、圆形、正方形的不同特征,巩固对不同形状的感知。

2. 能够根据箭头的方向依次夹夹子，进一步锻炼观察以及手眼协调的能力。

3. 愿意玩掷骰子的游戏。

签到方法：3.0版

1. 2.0版签到实施一个多月后，组织幼儿根据"○△○△"的模式进行签到。

2. 幼儿根据纸盘上的小旗和箭头知道排序的起点和方向，第一名幼儿选择对应的形状贴到小旗的位置，后面的幼儿根据模式规律选择相应的形状。

3. 一段时间后可以改变模式规律，幼儿按照新规律进行排序签到。

 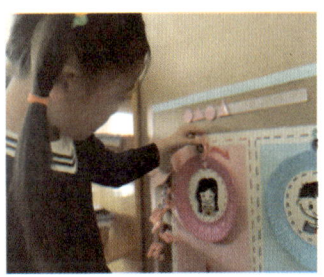

经验获得：

1. 看懂箭头的含义，能够一个接着一个往下排。

2. 能在日常签到中按规律排序，对模式感兴趣。

3. 养成在签到时有序排队依次签到的良好习惯。

（设计教师：江苏省如东县掘港幼儿园　朱晓峻）

（二）

适用班级：小班

材料准备：封塑好的《小猪佩奇》角色图片5张、角色图片的拼图版各一、封塑好的幼儿标记一套、装拼图的收纳盒5个、魔术贴若干。

签到方法：1.0版

1. 开学初，和幼儿一起讨论各自喜欢的故事内容，在全班幼儿投票选择的基础上，《小猪佩奇》胜出。故事中5个角色生成了签到墙上的5张角色拼图，幼儿自由选择自己喜欢的角色，进而产生"小猪佩奇组""大象艾米丽组"……

2. 晨间入园后，幼儿先找到自己的标记，将其取下。

3. 在自己小组的角色拼图收纳盒里，随机抽取一张拼图，并将自己的标记贴上。

4. 最后，将贴有自己标记的拼图张贴在角色拼图的相应位置上。

5. 班级老师通过观察每个小组的拼图情况，了解每天幼儿的入园数。如角色拼图全部拼好，则表示幼儿来全。

签到方法：2.0版

1. 在1.0版的基础上，将拼图由一开始的6块，增加到9块、12块……

2. 在此基础上将角色拼图的底板拿掉，逐步增加游戏难度，提高幼儿参与签到游戏的兴趣，增加幼儿间的合作默契。

经验获得:

1. 知道自己的标记,在熟悉自己标记的基础上,进一步了解小组其他小朋友的标记。

2. 能仔细观察自己小组的拼图底板,随机抽取拼图进行拼图签到。

3. 愿意玩拼图游戏,并乐意帮助有困难的小伙伴。

4. 知道天天要准时上幼儿园。

(设计教师:江苏省如东县宾东幼儿园 宫月辉 徐缪娟)

(三)

适用班级:小班

材料准备:画好格子的大象底板图一张,分别涂上红、黄、绿颜色的大象小图片各一张,代表幼儿的小标记(每人选择一个),红、黄、绿三种长方形卡片若干(数量分别与班级幼儿人数相等)。

签到方法:1.0版

1. 提供3种不同颜色的卡片和幼儿标记。

2. 幼儿根据自己的喜好,选择颜色卡片并贴上自己的小标记,送到自己喜欢的格子里(为大象穿上花格子衣服)。

 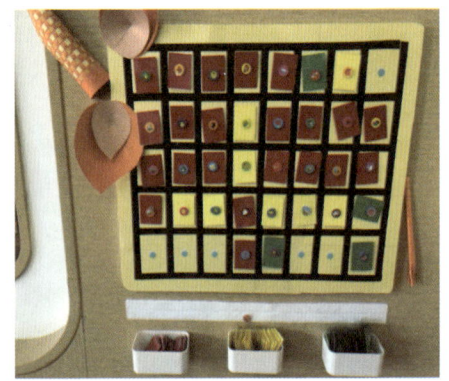

经验获得：

1. 增强对 3 种颜色的感知。

2. 认识自己的标记，能将标记与彩色卡片一一对应。

3. 愿意天天准时上幼儿园。

签到方法：2.0 版

1. 在 1.0 版的基础上添加彩色小象。

2. 第一名签到的幼儿可以选择喜欢的小象颜色，贴在签到板的最上面。

3. 其他幼儿根据小象图（已明确什么颜色），选择相同颜色的彩色卡片并贴上自己的标记，将卡片送到大象身上的任一格子中。

经验获得：

1. 按小象的颜色标记匹配彩色卡片。

2. 愿意给小象穿上漂亮的衣服。

签到方法：3.0版

1. 在2.0版的基础上加上了2种颜色的模式卡。

2. 幼儿根据颜色模式卡的提示，选择彩色卡片并贴上标记进行签到。

经验获得：

1. 根据模式卡片的颜色规律，选择颜色卡片。

2. 根据前面的颜色匹配后面的颜色卡片。

3. 按顺序排列颜色卡片，做到不跳格、不漏格。

签到方法：4.0版

1. 在3.0版的基础上增加3种颜色的模式卡和骰子。

2.第一个签到的幼儿通过投掷骰子,确定模式卡的颜色规律,并将骰子粘到大象图片上方。

3.其他幼儿根据模式卡的颜色规律,按顺序进行签到。

经验获得:

1.能根据模式进行排序。

2.能正确辨别上下等空间方位。

3.对模式游戏感兴趣。

4.养成准时入园的好习惯。

(设计教师:江苏省如东县掘港幼儿园　朱国平　俞婷婷)

(四)

适用班级:小班

材料准备:每人一个标记图标、每人一枚不织布花朵、不织布格子盘一个、男孩女孩图标各一个。

签到方法:1.0版

幼儿随机拿一朵花贴到格子里,然后找到自己的标记,贴到花朵中间当作花蕊。迟到的幼儿只能贴到格子外面。

签到方法：2.0 版

根据男女标记签到。男孩用"蓝花朵＋自己的标记"签到，女孩用"黄色花朵＋自己的标记"签到。

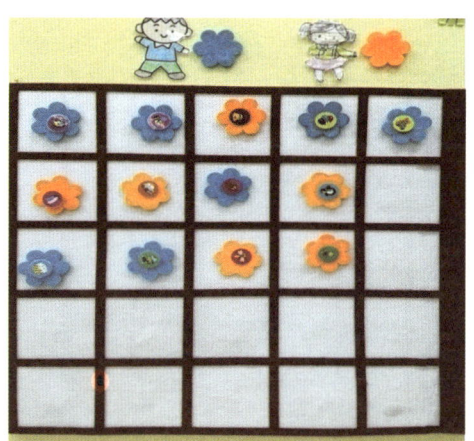

签到方法：3.0 版

根据是否会扣纽扣签到。利用左右两张格子图签到，将右边图中每一个格子里都钉上纽扣。会扭纽扣的幼儿，根据男孩、女孩图标，选择相应颜色的花朵扭到纽扣上，然后找到自己的标记贴到花朵旁边。不会扭纽扣的幼儿则参照 2.0 版本将花朵和标记贴到左边部分的格子盘里。

签到方法：4.0 版

根据规律签到。教师每天早晨将不同颜色花朵按规律排序，贴到格子盘最上方。幼儿按照规律，依次选择相应颜色花朵贴到格子盘里。会扭纽扣的幼儿扭到右边的纽扣上，不会扭纽扣的幼儿参照前面的方法贴到左边格子里。

经验获得：

1. 通过每日晨间签到，建立初步的规则意识。

2. 分清自己是男孩还是女孩，强化性别意识。

3. 练习扭纽扣，锻炼手部精细动作，提高动手能力。

4. 能按规律排序，对规律感兴趣。

5. 愿意天天上幼儿园。

（设计教师：江苏省如东县宾东幼儿园　黄悦　葛刘红）

（五）

适用班级：小班

材料准备：纸板、纸质卡通素材等。

签到方法：1.0 版

设置一棵大树的形象，6 根树枝分别通往 6 只小动物的家，在大树旁边贴有两排小星星，男生和女生各一排，每颗小星星上贴着孩子自己的标志。孩子到园之后把属于自己的小星星贴到今天想拜访的小动物家中。放学时再把星星贴回到一侧的条带上。

签到方法：2.0 版

等到幼儿熟悉以后，启动"早到园宝宝"奖励机制，前 6 位到园的小朋友可以玩"小动物最喜欢吃的食物"配对游戏，即将食物贴到相应动物的下方，如小狗下方贴上肉骨头。

 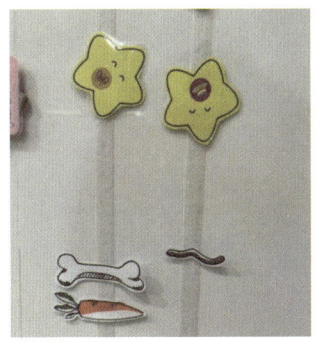

签到方法：3.0 版

在学期过半的时候，在原有基础上加入统计功能，即每天做完早操以后，请 6 位小朋友来签到处统计 6 只小动物家里各来了几个小朋友，然后按统计结果将相应的点数卡插入上方的卡槽中。

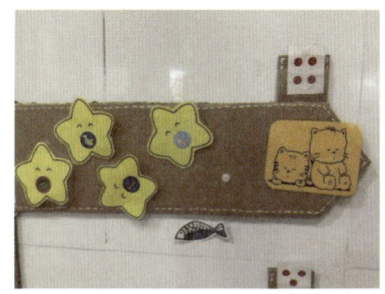
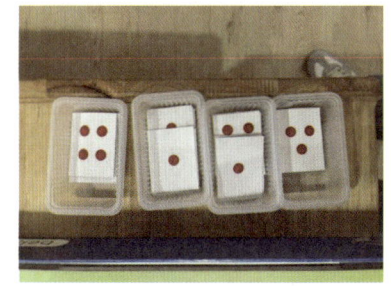

经验获得：

1.了解小动物喜欢吃的食物，知道它们的生活习性。

2.感知6以内的数量，学习并掌握简单的点数配对，锻炼点数能力。

3.初步学会统计6以内的数量，积累统计的经验。

（设计教师：江苏省如东县马塘小学附属幼儿园　符鹏飞　陆小丽）

（六）

适用班级：小班

材料准备：雪弗板雕刻花朵、叶子；标记贴画；小组标记；男孩蜜蜂身体和头像照片；女孩蝴蝶身体和头像照片；点数标记；子母贴。

签到方法：1.0版

幼儿分成6组，每个草丛上用子母扣贴上小组标记。幼儿来园后找到自己的标记和头像分别贴到小组后面的小花和花盆上。在贴的过程中要按顺序依次粘贴签到。（教师不定期更换小组标记位置和男孩女孩头像）

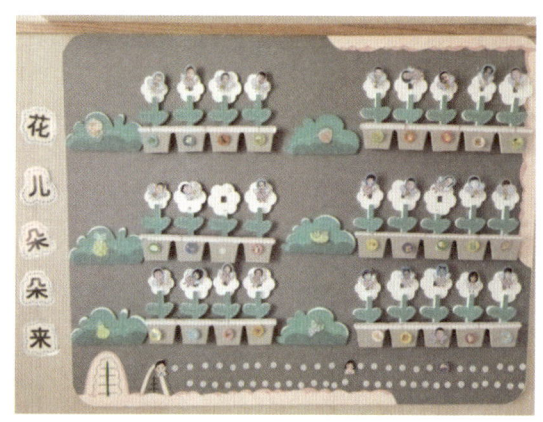

经验获得：

1. 入园后，能很快地知道自己小组的名称。

2. 知道自己的性别。

3. 懂得一个接着一个签到。

签到方法：2.0 版

当幼儿熟练掌握 1.0 版签到后，前一天晚上教师把花朵取下来放入篮子里。第二天早晨签到时，幼儿从篮子里取出花朵，并把它插入叶子上面小槽中（叶子背面开了小槽），同时把照片和标记贴在花朵和花盆上。

经验获得：

1. 每天能积极主动来上幼儿园。

2. 能将花朵准确插在叶子上，促进精细动作的发展。

签到方法：3.0 版

经过前期经验的积累，结合指南目标，把贴花标记升级为点子标记。为鼓励幼儿天冷也坚持来园，在每组第一位来园幼儿点子标记上增加了一个笑脸,后面依次选择点数卡,有顺序地摆放。

经验获得:

1.在签到过程中,能手口一致地点数花盆数。

2.能接着前面小朋友的签到准确地选择点数卡。

3.鼓励幼儿在天气寒冷时也坚持来园。

(设计教师:江苏省如东县栟茶镇栟茶幼儿园 陆岩 施佳伟)

(七)

适用班级:小班

材料准备:硬纸板、饮料瓶盖子、KT板、磁铁若干。

签到方法:1.0版

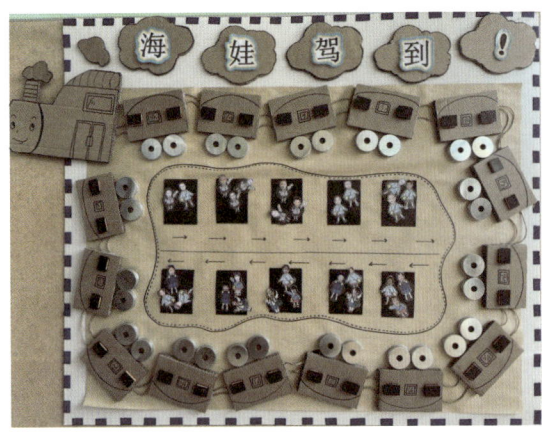

1.结合活动室走廊的汽车总动员游戏,将签到墙与游戏情境结合进行趣味签到。

2.幼儿入园后随机将自己的照片贴在任意一节车厢上,可以选择和自己的好朋友一起坐火车。

3. 教师通过中间的停车场位置，了解缺席的幼儿人数。

经验获得：

1. 养成按时入园的好习惯。

2. 初步感受磁铁的神奇和有趣。

签到方法：2.0 版

1. 当 1.0 版实行了一个月后，让幼儿按照性别进行签到。

2. 签到时选择与自己性别一样的小伙伴一起坐火车。

3. 知道放学前收回标记，并按照性别分类贴在停车场内。

 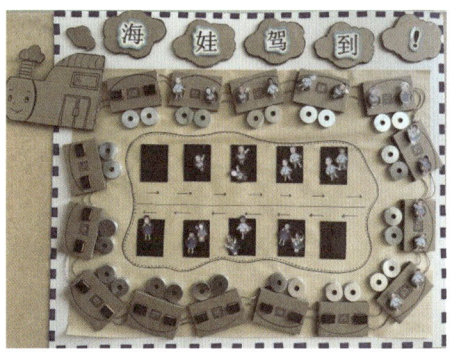

经验获得：

1. 能分清自己是男孩还是女孩。

2. 养成收纳的好习惯。

签到方法：3.0 版

1. 幼儿在尝试了 2.0 版一段时间后，增加了小旗的提示道具。

2. 第一名入园的幼儿可以在任意位置插上小旗作为排头，后面入园幼儿依次进行签到。

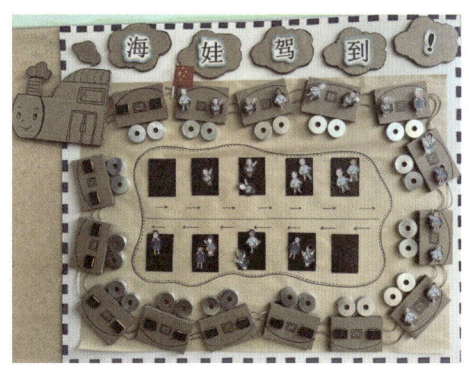

经验获得：

1. 在观察小伙伴签到结果的基

础上接龙签到。

2.对签到墙的挑战感兴趣,遵守游戏规则。

3.愿意天天准时上幼儿园。

（设计教师：江苏省如东县洋口镇洋口幼儿园　吉鸿靓　徐晓丽）

（八）

适用班级：小班

材料准备：4种颜色的微笑浮球（红、黄、蓝、绿）。

签到方法：1.0版

1.针对小班刚入园幼儿还存在分离焦虑的特点,首先选择运用颜色和情绪两个维度进行签到。

2.来园后,孩子们通过选择颜色,把微笑浮球粘贴在自己照片下面。

3.让刚入小班的幼儿轻松掌握签到的方法,同时巩固对颜色的认识。

4.教师观察幼儿照片下面没有微笑浮球的就是当天未来园的幼儿,根据幼儿的签到进行统计。

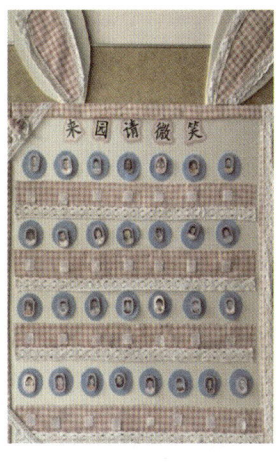  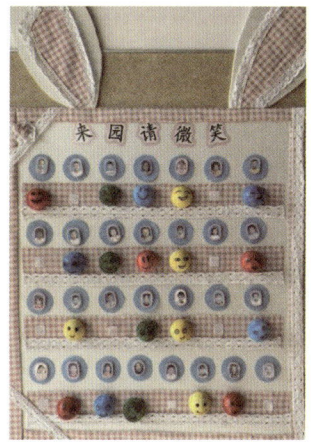

经验获得：

1.缓解入园焦虑,喜欢上幼儿园。

2.能认识红、黄、蓝、绿这4种基本颜色。

签到方法：2.0 版

1. 在 1.0 版的基础上，增设女孩、男孩的图片标记，幼儿来园后，根据自己的性别选择相应的微笑浮球进行签到。

2. 幼儿选择自己喜欢的微笑浮球，模仿并表现出各种微笑表情。

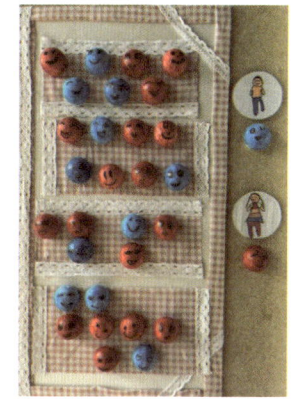
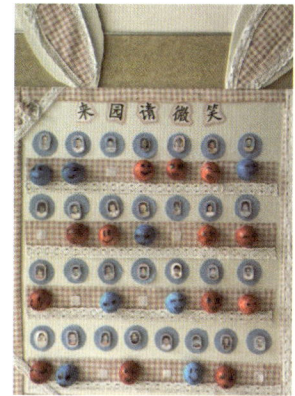

经验获得：

1. 能分清自己是男孩还是女孩，知道自己喜欢的颜色。

2. 养成按时来园的好习惯。

签到方法：3.0 版

1. 加入模式规律，幼儿的照片可以随意更换地方，但需根据"红蓝红蓝"的模式进行签到。

2. 一段时间后可以改变模式规律，幼儿按照新规律进行排序签到。

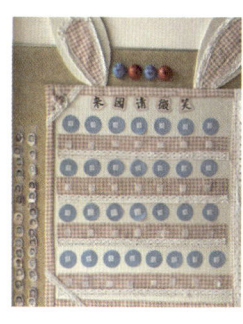

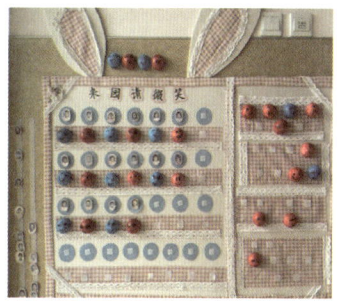

经验获得：

1. 能初步学习并掌握按规律排序。

2. 养成每天不迟到的良好习惯。

（设计教师：江苏省如东县洋口镇洋口幼儿园　丁海霞　缪群梅）

（九）

适用班级：中班

材料准备：贴有幼儿学号的投放架，投放颜色的提示卡，幼儿姓名图标，雪花片，筛子，不同颜色的挑战卡片。

签到方法：1.0 版

1. 根据提示卡上相对应的颜色进行签到（比如周一用红色花片，周二用绿色等）。

2. 每天统计小朋友来园情况。

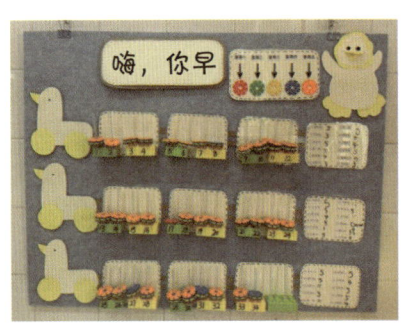 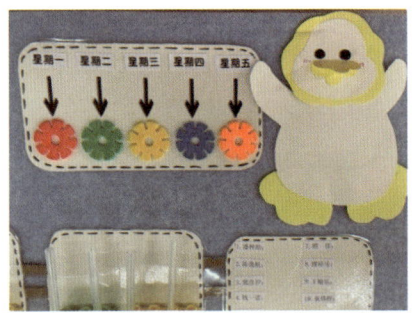

经验获得：

1. 能够按要求选取雪花片，感知红、黄、蓝、绿、橙 5 种颜色。

2. 目测 5 以内的数群，初步尝试统计。

签到方法：2.0 版

1. 每天来园后，先玩扔骰子游戏，根据所扔骰子上的颜色与点数拿取相匹配的雪花片，并放置于自己学号所在处。

2. 统计每组小朋友来园的情况。

经验获得：

1. 感知 5 以内的数，能够按数取物。

2. 认识常见颜色，能够按颜色点卡选择花片。

3. 对统计感兴趣。

签到方法：3.0 版

1. 抽取卡片，根据卡片上的范例模式摆放雪花片。

2. 统计每组小朋友来园的情况。

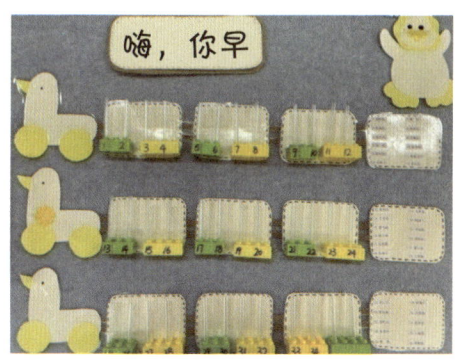 

经验获得：

1. 感知 6 以内的数。

2. 能够根据相应的规律进行排序，对规律模式感兴趣。

（设计教师：江苏省如东县宾东幼儿园　唐晓燕　闵春燕）

（十）

适用班级：中班

材料准备：小鱼图片上面贴有孩子的标记若干（一边红色，一边黄色）、大鱼图片一张（一边红色，一边绿色）、转盘、规律卡片、箭头若干。

签到方法：1.0 版

1. 提供两种颜色的规律卡片。

2. 幼儿根据颜色规律，选择合适的小鱼依次进行签到。

经验获得：

1. 认真观察，能根据颜色规律接着往下排。

2. 对规律游戏感兴趣。

签到方法：2.0 版

1. 在 1.0 版的基础上加入方向箭头。

2. 老师或值日生提供 4 种颜色的规律卡片和箭头方向。

3. 幼儿根据颜色规律和箭头方向，选择合适的小鱼进行签到。

经验获得：

1. 能根据颜色排列规律和箭头方向准确地粘贴小鱼。

2. 能正确辨别空间方位，并进行操作。

签到方法：3.0 版

1. 在 2.0 版的基础上加入转盘。

2. 转盘上有 4 种颜色规律的卡片，幼儿通过转动转盘，决定今天所要签到的颜色规律。

3. 在签到板上找到相对应的颜色规律。

4. 选择合适的小鱼，根据颜色规律和箭头方向进行签到。

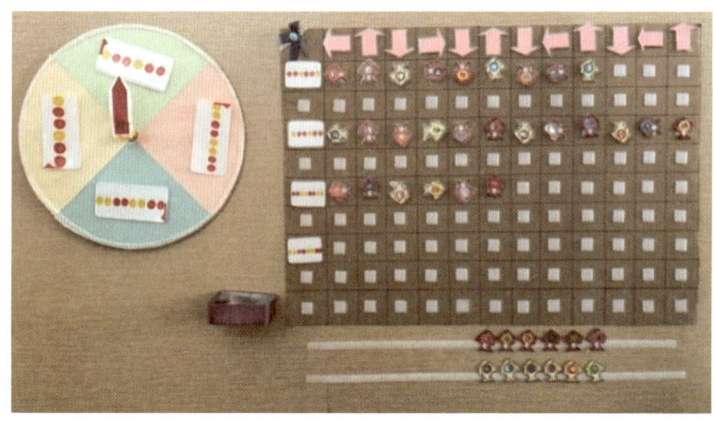

经验获得：

1. 对转盘游戏感兴趣。

2. 能根据规律和箭头方向准确地粘贴小鱼。

3. 空间方位能力进一步增强。

签到方法：4.0 版

1. 在 3.0 版的基础上，增加了红色大鱼和绿色大鱼的标记以及阴影部分。

2. 观察大鱼的颜色，如果大鱼是绿色则按照 2.0 版进行签到；如果大鱼是红色则要将小鱼贴在有阴影的部位，表示你今天迟到了，被渔网网住了。

3. 每日来园的前 12 位小朋友有权力选择改变箭头的方向。

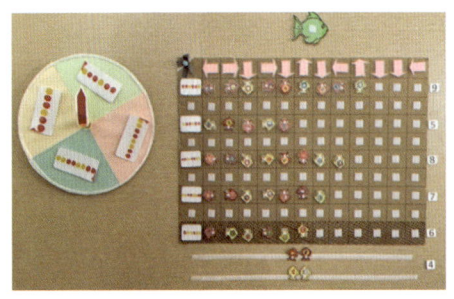 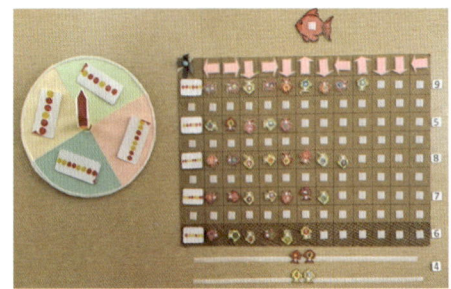

经验获得：

1. 自主管理签到活动。

2. 能根据模式和箭头方向准确地粘贴小鱼。

3. 增强时间观念，坚持准时来上幼儿园。

签到方法：5.0 版

1. 将转盘换成盲盒，将小鱼身上幼儿的标记改成学号，把签到板上每一行每一列都用数字标记出来，增加卡片（卡片上标有两个数字，蓝色表示横排的行，橙色表示竖排的列）。

2. 幼儿在盲盒里抽取一张卡片。

3. 根据卡片上的数字将小鱼贴到对应的位置，同时还要注意颜色规律和箭头方向。

经验获得：

1. 能够根据数字、模式以及箭头方向准确签到。

2. 积累"行和列"的经验。

3. 积极参与充满挑战的签到游戏。

（设计教师：江苏省如东县掘港幼儿园　丛马琴）

适用班级：中班

材料准备：大小不一样的房子（两间），六种图形（饼干）标记若干（每种图形有红色和绿色）、幼儿标记、骰子、一张点子与图形匹配的密码卡、鳄鱼小台历。

签到方法：1.0 版

1. 创设小鳄鱼饼干店开业情境，以"为店里送饼干"形式进行（不一样的图形饼干）。

2. 第一步先扔骰子，点数骰子上的点子数量；第二步根据点子数量到密码卡上找到点子匹配的图形；第三步根据密码卡上的图形在篮子里找到对应的饼干图形（可自选红色或绿色）；最后一步，找到自己的标记贴到饼干图形上，并送到鳄鱼饼干店里。

3. 以台历上的鳄鱼判断是否迟到。如果鳄鱼在，则说明没有迟到，图形送到大房子，如果鳄鱼没有了，则说明迟到了，图形送到小房子。

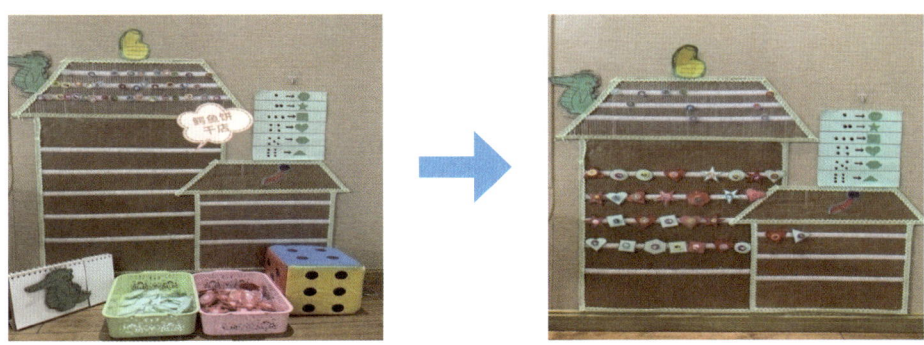

经验获得：

1. 能正确点数 6 以内的数。

2.能将图形和数量进行正确的匹配。

3.感知不同的图形,积累图形经验。

4.体验帮助别人带来的快乐。

签到方法:2.0 版

1.参照 1.0 版方法 1 和 2,寻找与点子匹配的图形。

2.根据"红绿红绿"排列规律进行签到。

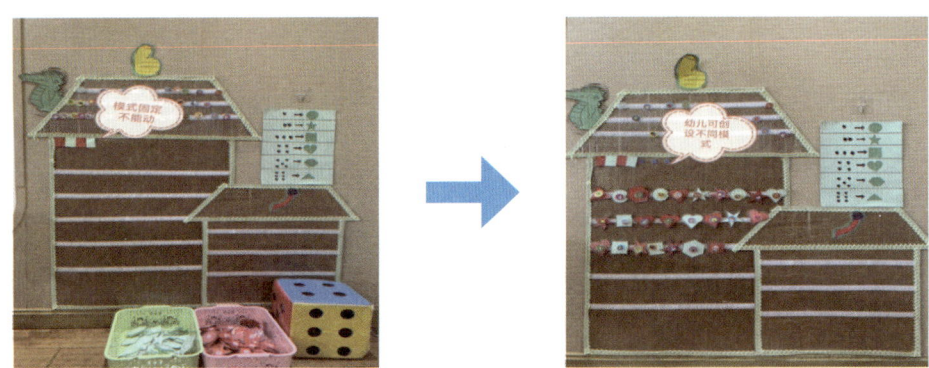

经验获得:

1.获得关于模式的核心经验。

2.幼儿创编不同的模式,在签到中能够相互合作,配合默契。

签到方法:3.0 版

1.可将一张点子与图形匹配的密码卡进行重新匹配,幼儿自主将点子和图形进行不同的匹配。

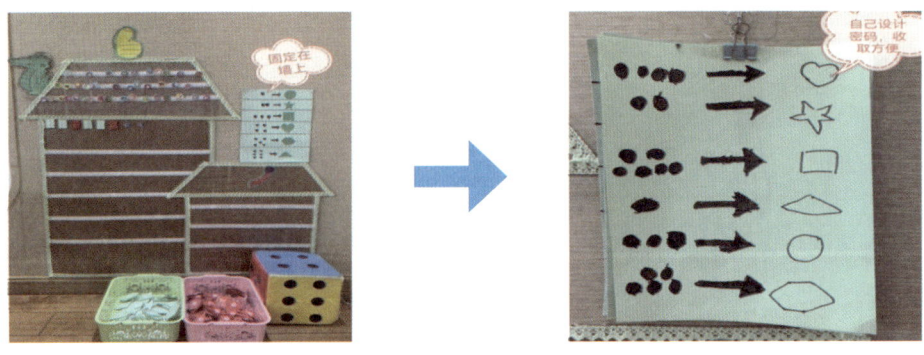

2.参照2.0版进行送饼干的游戏。将多张密码卡夹在一起，幼儿可自由选择不一样的密码卡，自己设计好的密码卡也可直接夹在一起，收取比较方便。

经验获得：

1.增进对不同图形的认知，获得图形与数量匹配方面的经验。

2.在自主设计密码卡的过程中，发展创造性思维和动手能力。

签到方法：4.0版

1.可将骰子上的点数与数字相结合，一段时间后可提供只有数字的骰子。

2.幼儿扔骰子，确定骰子上的点数后，先找匹配相对应的点子，再去找与点子相应的图形。

3.幼儿根据相对应的图形送饼干。

4.对幼儿出勤情况进行统计。

经验获得：

1.认识数字，知道将数字与相应数量的集合匹配，进一步理解数量关系。

2.知道要在规定的时间来园，做不迟到、爱上幼儿园的好孩子。

（设计教师：江苏省如东县掘港幼儿园　黄烨）

（十二）

适用班级：中班

材料准备：1-6数字磁力贴、塑封幼儿自画像、4小组不同颜色的表格、白板、白板笔。

签到方法：1.0版

1.每组第一个到的幼儿将自己头像贴在表格第一格，拿出数字1的磁铁

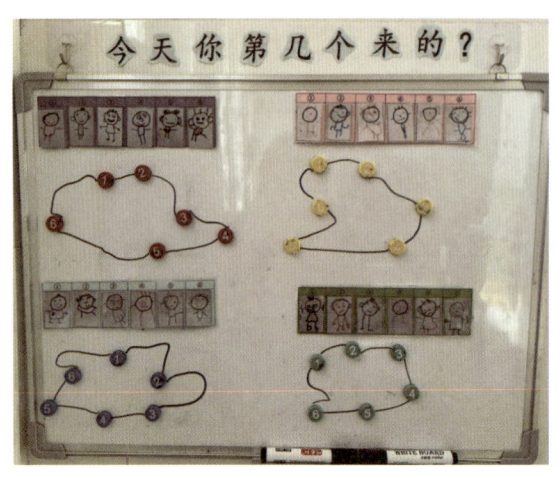

贴在白板空格处上，用白板笔往任意方向画出一笔。

2.第二个到的幼儿将自己头像贴在表格的第二格，拿出数字2的磁铁贴在数字1送出去的那一笔末端，然后用白板笔往任意方向也画出一笔。

……

以此类推，第六个小朋友的任务是用白板笔将6与1连起来，围成一个闭环图案。教师在晨谈时组织小朋友说一说各小组连起来的是什么图案。

经验获得：

1.根据来园顺序找到自己的位置，能够说出自己是第几个到的。

2.在连线过程中积累序数经验。

3.小组合作完成任务，增强合作意识。

签到方法：2.0版

1.在1.0版基础上增加各种形状：正方形、长方形、圆形、三角形、梯形等。

2.每组第一个幼儿选出自己当天想要贴出的形状贴在白板上。

3.与1.0版一样的步骤，将数字磁铁按顺序围着形状贴，最后围合成所选的形状。

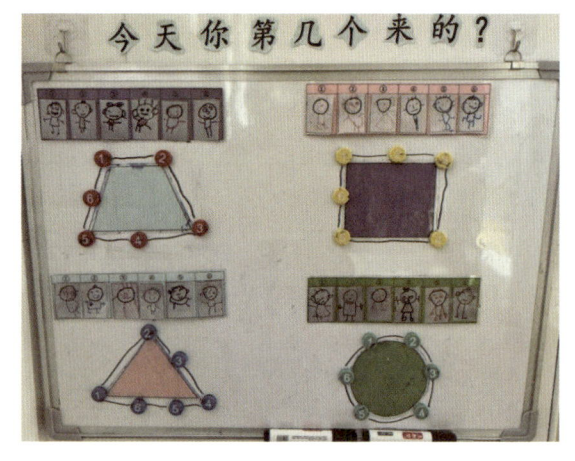

经验获得：

1. 感知序数，能准确地说出自己是本组第几个到园的。

2. 认识不同的形状，尝试练习用正确的姿势书写。

签到方法：3.0 版

1. 每组第一个幼儿在表格后面画出当天想要的形状。

2. 与 1.0 版步骤一样，最后围合成第一个幼儿画出的形状。

3. 增加小组统计。

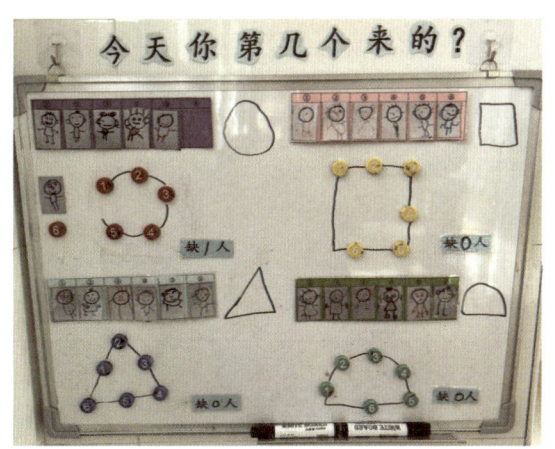

经验获得：

1. 大胆设计小组的图形。

2. 围绕自定目标合作完成签到任务。

3. 了解本组幼儿缺勤人数，学会关心同伴。

（设计教师：江苏省如东县河口镇于港幼儿园　徐娟　佘美红）

（十三）

适用班级：中班

材料准备：纽扣穿线绳玩具、收纳盒 5 个、若干数字卡（学号）。

签到方法：1.0 版

1. 幼儿选择并记住自己的学号。

2.数一数、认一认,感知纽扣上点子数量的不同,根据周一到周五选择相对应的纽扣进行签到。(周一选择一个洞的纽扣、周二选择两个洞的纽扣等,以此类推)

3.选择自己喜欢的方式将纽扣穿进绳子,并用打结方式固定每个纽扣。

经验获得：

1. 通过数纽扣上的洞，正确感知 5 以内的数。

2. 通过数量匹配感知周一到周五的变化。

3. 发展手眼协调能力，促进手部小肌肉群发展。

签到方法：2.0 版

1. 在 1.0 版的基础上加入转盘。

2. 转盘上有 5 种颜色，幼儿通过转动转盘，决定今天所要签到的纽扣颜色。

3. 从二维角度，找到对应颜色及正确洞的纽扣进行签到。（如周一转到红色，则选择一个洞的红色纽扣。）

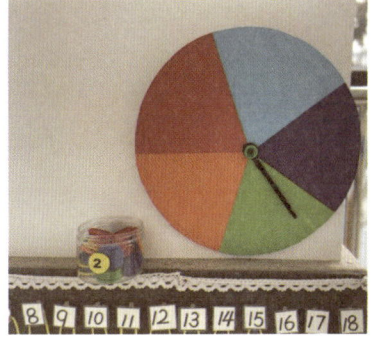

经验获得：

1. 感知并学习颜色与数量的正确匹配。

2.尝试从颜色、数量及日期等多个维度进行多重匹配。

签到方法：3.0版

1.在2.0版的基础上，老师或值日生制定本周需要完成的颜色规律卡片。（如图：绿红橙蓝紫）

2.根据给出的规律进行签到。（周一绿色一个洞的纽扣、周二红色两个洞的纽扣……以此类推）

经验获得：

1.对模式感兴趣，能根据要求正确签到。

2.增强对"星期几"的感知，知道一周有5天。

3.坚持天天上幼儿园。

（设计教师：江苏省如东经济开发区中心幼儿园　赵小利）

（十四）

适用班级：中班

材料准备：10 cm×10 cm方格、1.0版圆形标记牌（贴有孩子个人标记与迷宫路线标记）、3.0版圆形标记牌（迷宫路线图）、起点与终点标记。

签到方法：1.0版

在10 cm×10 cm的格子左上角设置起点，右下角设置终点。孩子入园后，选择带有自己标记的圆形标记牌，摆放于方格里。后到的孩子接着摆在下一格，与前一个孩子的签到进行路线连接。等孩子全部入园后进行统计，并观察当天是否成功地从起点到达终点。

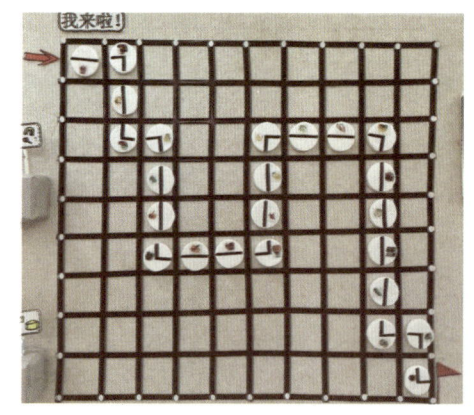

经验获得：

1.能根据前一个孩子摆放的圆形标记牌位置，进行连接摆放。

2.愿意与同伴合作,使路线能够从起点顺利到达终点。

签到方法:2.0版

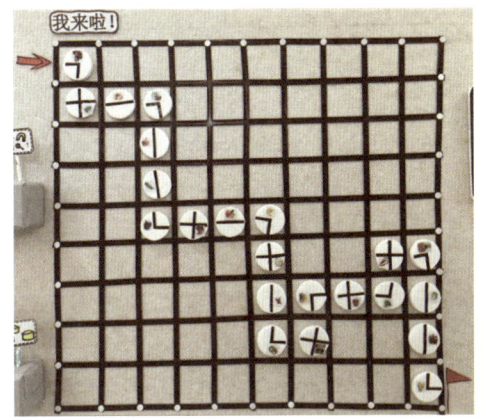

在1.0版基础上再添加十字形状标记,由原来单一的路线增加为3种路线,孩子需要思考选择哪种路线最容易到达终点,还要为下一个同伴留出合适的位置,采取这样合作的方式,他们成功的几率更大了。

一段时间后,又将起点的箭头和终点的小红旗做成移动式的,起点和终点的位置可以更换。孩子操作熟练之后,甚至可以每天都更换起点和终点的位置。

经验获得:

1.能根据1.0版的经验自由选择起点和终点的位置。

2.能够知晓十字形状标记的作用,同时在签到时能为后面同伴留出合适的位置签到,养成同伴间相互合作的品质。

签到方法:3.0版

2.0版实施一段时间后,把起点和终点的标记换成带有故事情境或者班本课程的相关图片(如猫和老鼠、警察和小偷、消防课程中的消防员和火等)。

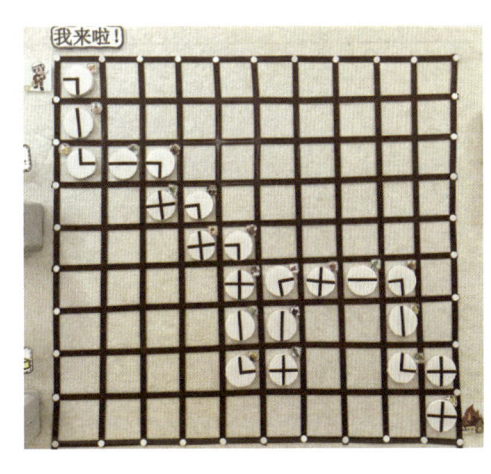

孩子每天选择不同的圆形标记牌,先根据前一个孩子的签到标记进行思考,选择合适的路线,并为下一个孩子的签到留出空间,

这样大大提高了每天的签到成功率。

经验获得：

1. 能够思考怎样改变路线的方向，让后面签到的同伴顺利到达终点。

2. 尝试有一定难度的签到任务，并合作取得成功。

（设计教师：江苏省如东县新店镇汤园幼儿园　王迎　秦轶男　沈燕红）

（十五）

适用班级：中大班

材料准备：中班：黄色圆点、黑色圆点、数字标记；大班：盲盒、名字贴、几零几楼层号标志。

签到方法：1.0版（中班）

1. 黑色和黄色圆点代表不同心情，黑色圆点表示坏心情，黄色圆点表示好心情。早上入园心情好贴上黄色圆点，如果心情不太好则贴上黑色圆点。

2. 统计一周来园天数并贴上相应的数字。

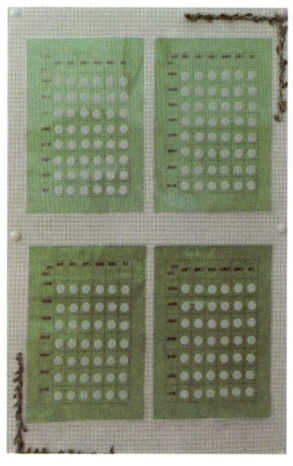
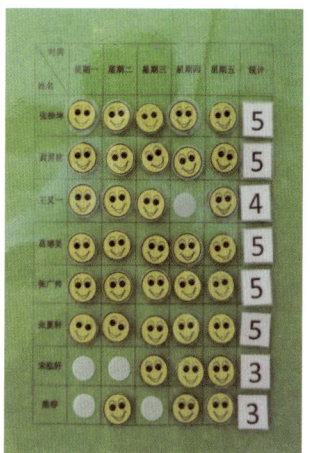

经验获得：

1. 能正确表达自己的心情，并愿意将不好的心情表达出来。

2. 正确感知5内的数，并能对一周来园情况进行统计。

3. 养成按时来园的好习惯。

签到方法：2.0 版（大班）

来园后，孩子从标签盒里抽取自己住的楼层号是几零几；通过横向点数和竖向点数确定自己所住的楼层数，随后将自己设计的姓名贴贴在对应的方格内。

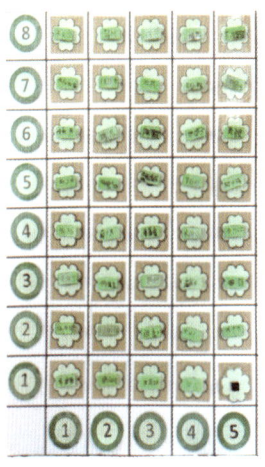

经验获得：

1. 能根据楼层号准确找到自己的位置。
2. 感知行和列的关系，积累序数经验。

签到方法：3.0 版（大班）

来园后，孩子从标签盒里抽取自己住的楼层号是几零几；通过横向点数和竖向点数确定自己所住的楼层位置，将楼层号贴在方格内，随后孩子将自己设计的姓名贴贴在相对应的方格内（第几层第几个），便于自查和他查。

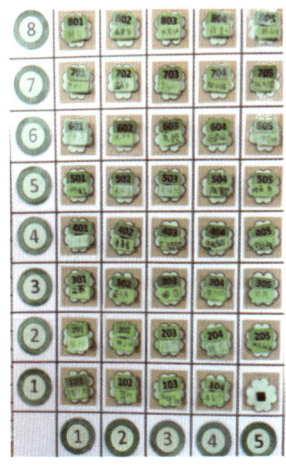
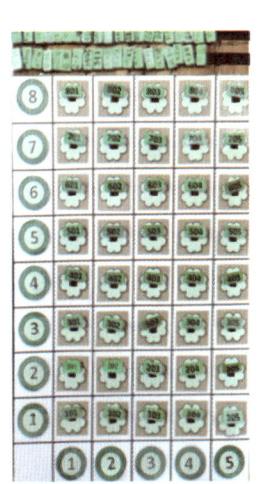

35

经验获得：

1. 正确感知序数，能准确地说出自己住在第几层第几间。

2. 增强辨别空间方位的能力。

3. 进一步感受行和列的关系。

（设计教师：江苏省如东县群力幼儿园　刘明珠　顾楠）

（十六）

适用班级：大班

材料准备：透明盒子（贴有幼儿姓名、磁铁），华容道底板（铁质饼干盒：画有11格），1~9的四种颜色数字贴，时钟，记录表，统计图，排序标记，加减法标记图。

签到方法：1.0版

每组第一个来园的小朋友在姓名盒上贴上数字"1"，并按照华容道游戏规则移至左上角，接下来入园的小朋友依次按顺序贴上相应的数字，并移至对应的位置。离园前将自己盒子上的数字根据排序标记送回排序板上（此签到版本为降低难度，两侧留有空格，留给幼儿玩时移动的空间）。

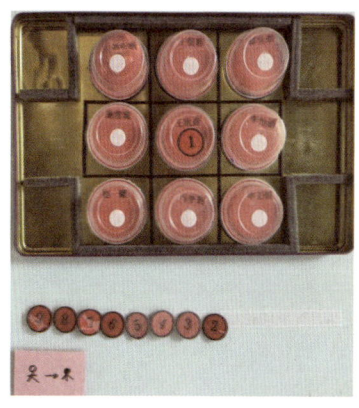 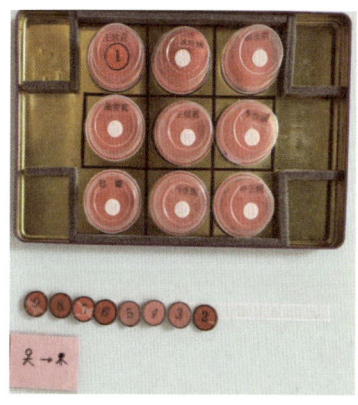

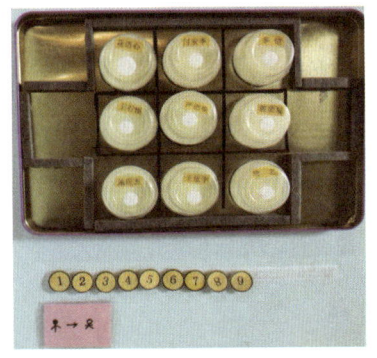
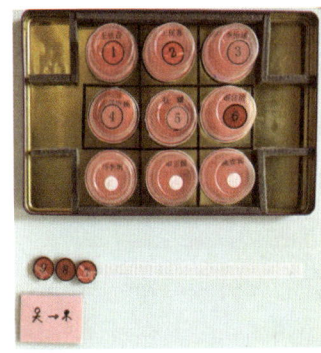

经验获得：

1. 正确感知序数，能准确地说出自己是第几个来园的。

2. 了解"数字华容道"游戏的规则，知道按照从左往右、从上往下的顺序排列数字。

签到方法：2.0 版

第一步："数字华容道"签到游戏。

幼儿按来园顺序依次找到相应数字签到，并移至对应的位置。离园前把自己盒子上的数字根据排序标记送到排序板上。

第二步：看数字时钟记录来园时间。

幼儿观察时钟，在其姓名后面记录来园时间，每周五各自统计一周来园天数。

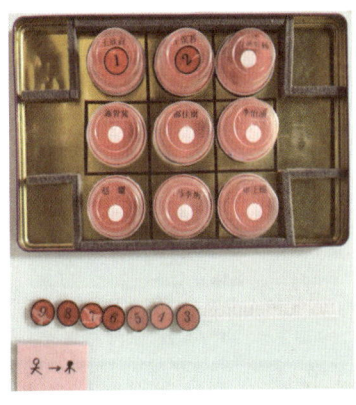

经验获得：

1.认识时间，学会记录时间。

2.掌握"数字华容道"游戏的规则。

3.在游戏中锻炼观察能力、思维能力和逻辑思维能力。

签到方法：3.0版

第一步：仅开放一个空格玩"数字华容道"签到游戏。开放两个空格玩"数字华容道"游戏对大部分幼儿已是轻车熟路、游刃有余。为提升游戏难度，封闭一个空格，让幼儿找到自己是第几个来园的进行签到并尝试挑战"数字华容道"游戏。离园前把自己盒子上的数字与同伴的数字组成加减法算式粘贴在操作单上。

第二步：根据钟表上的指针认识时间并记录。根据"华容道"游戏的来园顺序，在签到表里找到自己的姓名贴，粘贴到相应顺序的后面。在认识时间的基础上，幼儿尝试认识带有指针的钟表并进行签到，同时每组邀请一位小朋友根据签到表或"华容道"游戏记录统计每天来园的人数，满勤的小组奖励一朵小红花。

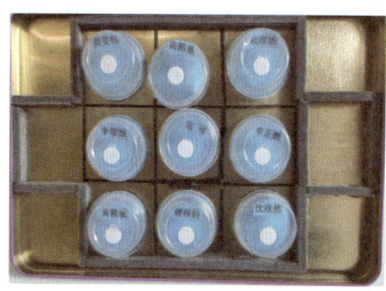
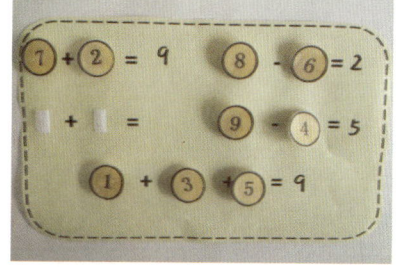
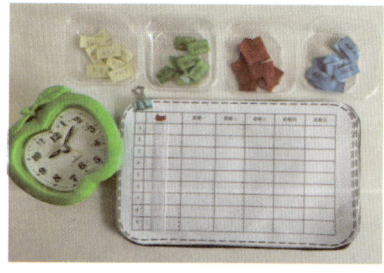
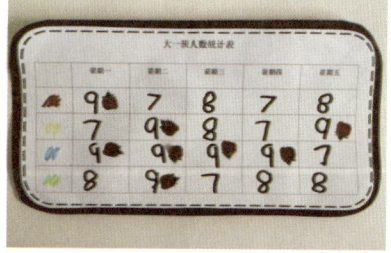

经验获得：

1.认识时钟，养成不迟到的好习惯。

2.熟悉"数字华容道"游戏，积累游戏经验。

3.通过游戏进一步锻炼手眼脑的协调性，提高逻辑思维能力。

（设计教师：江苏省如东县宾东幼儿园　徐亚萍）

适用班级：大班

材料准备：签到底板一张，4个出发点标识，线路图，4个签到区域；操作路线卡若干；幼儿自主设计的名片，每张名片背面粘上魔术贴；幼儿设计的可移动的日历表；签到记录表1.0、2.0、3.0、4.0版。

签到方法：1.0版

任意选择一张下图中的路线卡，从图形和箭头开始，由几号路线出发，到达颜色方框区域，幼儿名片就放在这个区域里，并做记录。刚升入大班，1.0版本里没有投放空间方位的记录内容，只有日期、天气和时间。

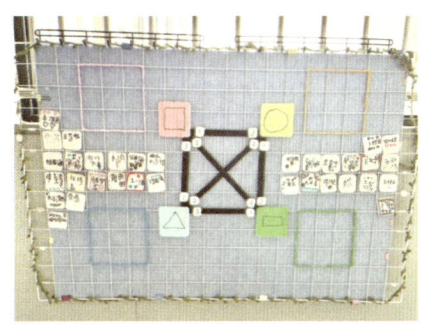

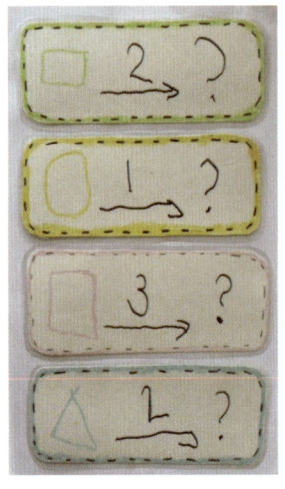  

经验获得：

1.了解签到规则，感知空间方位上下左右，知道行走路线。

2.通过看时钟和天气情况，动手动脑记录签到，增强对时钟数字的敏感，以及对自然天气的观察能力。

签到方法：2.0版

题卡另一面是下图中的任意一种新路线卡，路径有2种以上，幼儿根据路线卡提示先由图形出发，从几号路线走起，再走几号路线，最后到达某个区域方框，贴上自己的名片，并根据天气情况做好记录。此版本将空间方位的核心经验融入签到活动中，鼓励幼儿将签到的情况及时记录下来。

 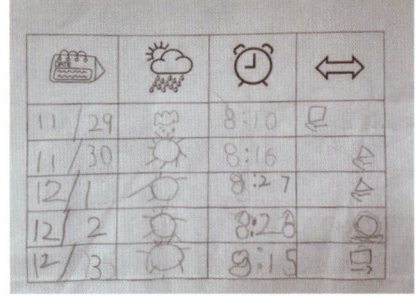

经验获得：

1. 熟悉签到游戏，能遵循游戏规则签到。

2. 会根据自己选择的路线进行表述，并在相应的签到表上记录自己名片的签到区域。如：←□←△ ○→□→。

签到方法：3.0版

在幼儿签到时，投放红、绿两种颜色的笔，通过用不同颜色的笔来区别迟到和不迟到，绿色笔记录8：30之前为不迟到，红色笔记录8：30之后为迟到，提醒幼儿认真看数字时钟，做到来园不迟到。另外，增加统计班级来园人数并记录的小任务。

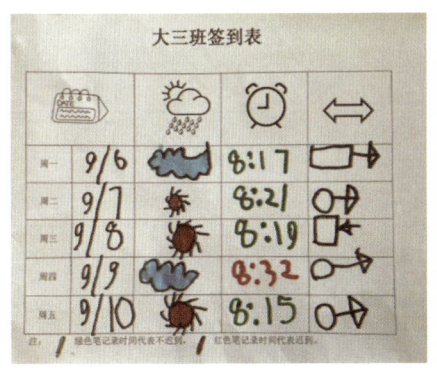 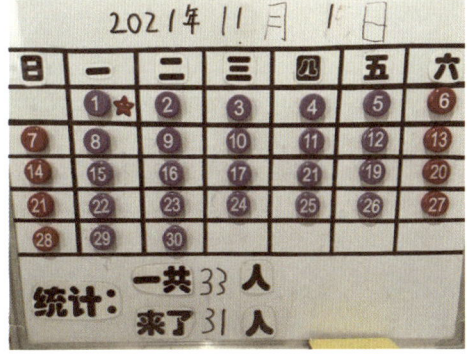

经验获得：

1. 熟悉签到游戏，能很快找到自己的签到位置，并做好记录。

2. 值日生尝试每天统计并记录，提高点数、统计、记录的能力。

3. 认识数字时钟，形成班级约定：8：30为区分迟到的分界点。养成不迟到的好习惯。

签到方法：4.0版

在3.0版基础上，签到表增加一列，形成九宫格，幼儿沿路线提示卡到相应区域签到后，能将自己的签到结果记录到九宫格的某一具体位置。如：

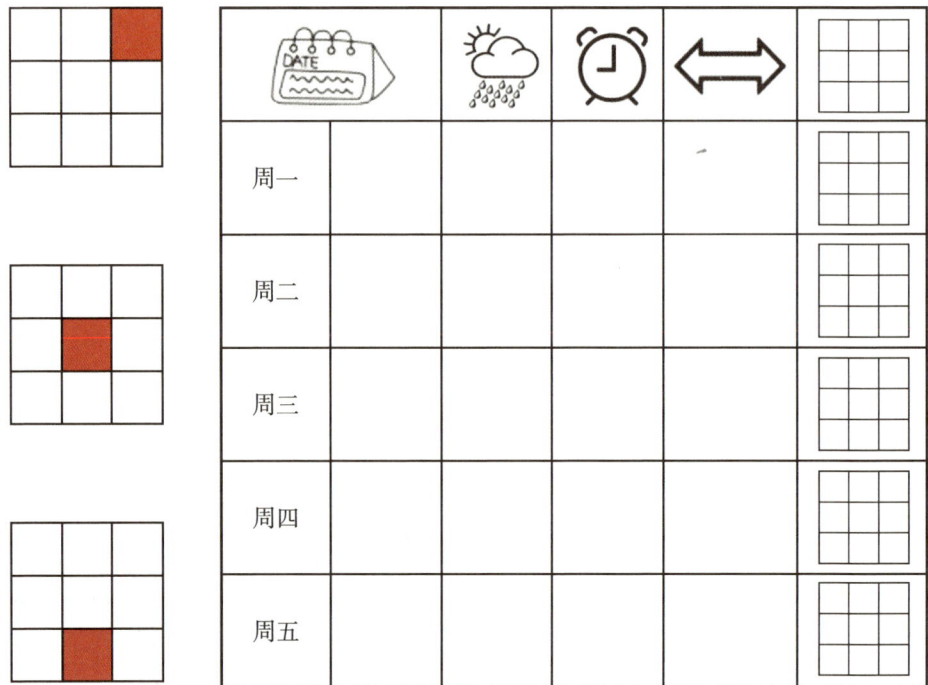

注：绿色笔记录时间代表不迟到，红色笔记录时间代表迟到。

经验获得：

1. 能根据路线提示卡有序签到，及时记录。

2. 提供指针钟面，尝试认识整点与半点，并做好迟到与不迟到的签到记录。

3. 能在九宫格里选择一个位置将自己的名片贴进去，并记录在签到表的九宫格位置中。

（设计教师：江苏省如东县岔河幼儿园　金秋宇　冒香香）

（十八）

适用班级：大班

材料准备：每组一张签到卡、入园表情标志卡一张、活动日历与每日统计卡各一份、活动月历一份、班级每月签到统计本、五种颜色白板笔。

签到方法：

5种颜色的圆点分别表示周一到周五，每天来园时，幼儿根据当天的圆点颜色选择相应颜色的白板笔，在圆点上添画入园表情（准时入园添画笑脸、迟到添画害羞表情、缺席由值日生添画调皮表情）。值日生根据活动日历将当天日期写在签到墙，并统计每天出席和缺席人数。每周五根据每组签到卡统计一周来园天数，每月底再进行每月来园天数统计。

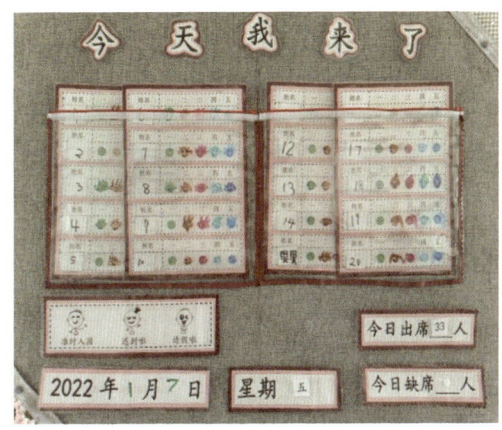

经验获得：

1.通过对签到墙的观察、统计，能知道每天谁没有来，班上一共来了多少个小朋友，每周、每月哪组小朋友出勤率高，从而培养爱上学、不迟到、关心同伴、积极参与班级活动的好习惯。

43

2.善于观察,能用数字进行记录,理解数量的关系。知道数字的用途不仅用来表示数量,还可以表示顺序。感知空间位置与方位,能用第几排第几个等方位词描述。丰富空间方位识别的经验。对环境中的各种数字含义有进一步探究的兴趣。

3.激发学写数字的积极性,为升入小学打下良好基础。

（设计教师：江苏省如东县栟茶镇栟茶幼儿园　缪丽琴　沈洋钰）

（十九）

适用班级：大班

材料准备：点子签到卡、可擦除签到笔（一种颜色）、来园多少天统计表、电子钟等。

签到方法：1.0版

提供彩笔让幼儿每天签到时在点子卡上任意连接两个点子,一周后幼儿在统计表中画出自己绘制的图案,并根据线条的数量统计一周来园的天数。

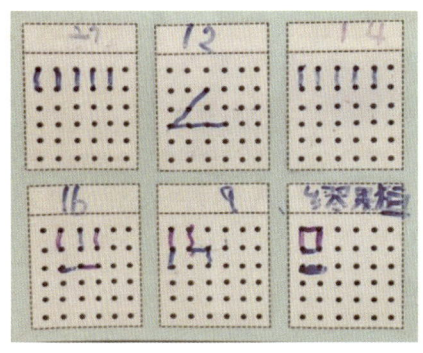
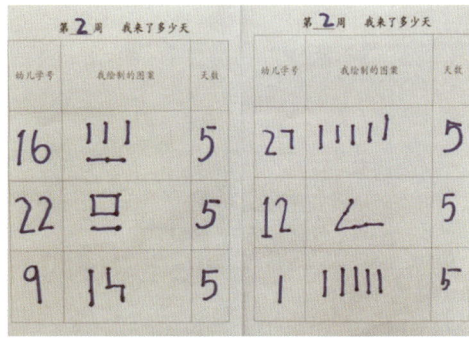

经验获得：

1.能自主选择签到的方式。

2.熟悉上下左右空间方位。

3.对统计活动感兴趣。

签到方法：2.0版

1.每周提供的签到笔颜色为一种,下一周更换笔的颜色。

2. 在 1.0 版的基础上将每天签到的线条连接成一个图形。

3. 两周后在统计表中绘制签到的图形，并统计两周来园的天数。

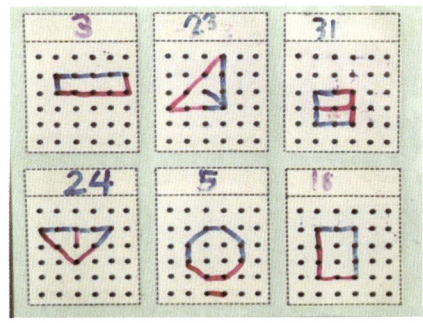 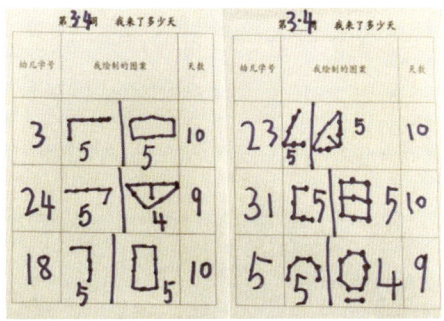

经验获得：

1. 能自主选择签到的图形，增强对图形的认知。

2. 能熟练掌握 10 以内的运算。

3. 增强对空间方位的感知。

签到方法：3.0 版

1. 每周提供的签到笔颜色为一种，签到表的颜色一周一换。

2. 在 1.0 版的基础上将每天签到的线条连接成一个图案。

3. 三周后在统计表中绘制签到的图形，并统计三周的来园天数。

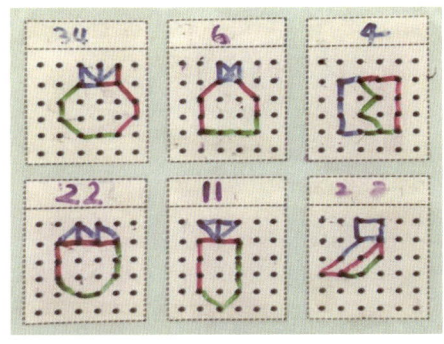 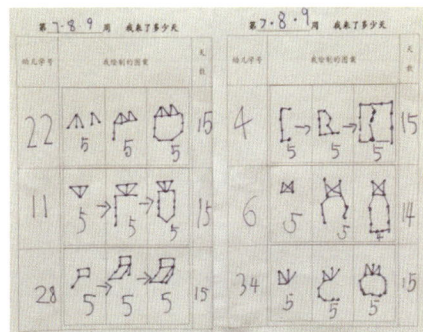

经验获得：

1. 能自主选择、描绘签到的图案，并能用语言描述。

2.能尝试15以内数的加法运算,对数学活动感兴趣。

3.进一步积累有关空间方位的经验。

签到方法:4.0版

1.笔的颜色要求同2.0版,每天签到的线条连接成数字或对称图案。

2.统计升级:四周后绘制签到的图案,在统计表中统计每周天数,并学习用5个5个数的方法统计四周来园的天数。

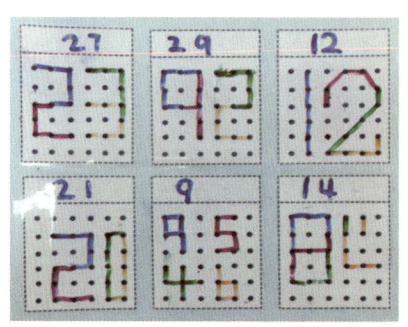 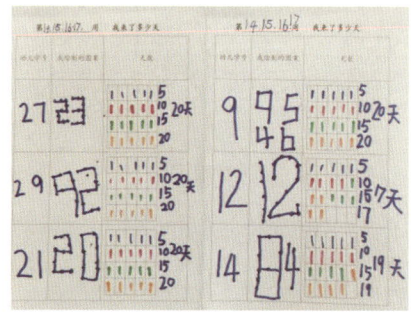

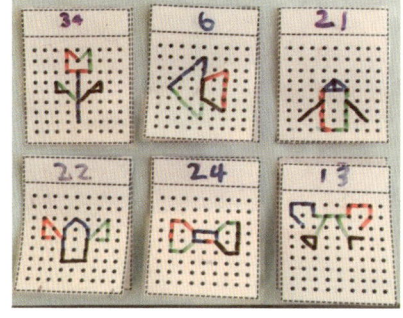 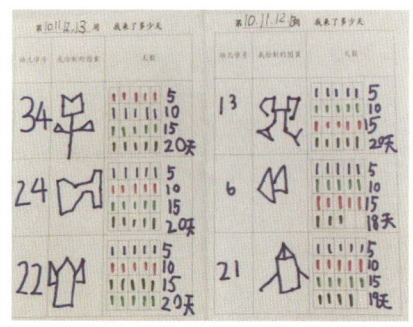

经验获得:

1.具有一定的空间想象力,能根据要求完成签到。

2.理解对称的含义,对对称的事物感兴趣。

3.能尝试用5个5个数的方法统计,进一步积累统计经验。

签到方法:5.0版

1.学习看电子钟面的时间记录每天来园时间,要求8:30之前到园用蓝色笔记录到园时间,8:30之后到园用红色笔记录到园时间。

2.值日生每天统计迟到人数。

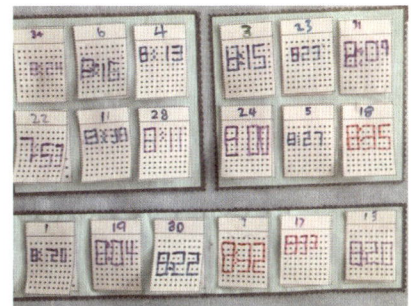

经验获得：

1.认识电子钟，能模仿电子钟面的数字记录时间。

2.通过对签到墙的观察、统计，养成良好的作息习惯。

（设计教师：江苏省如东县栟茶镇栟茶幼儿园　王亚明）

（二十）

适用班级：大班

材料准备：6种颜色的卡纸，磁铁条，贝壳，两个骰子（一个颜色骰子，一个数字骰子）。

签到方法：1.0版

1.用掷骰子的游戏分别选出颜色和数字。

2.根据骰子上的数字和颜色标记，将自己设计的贝壳标记贴到相应标有单双数的卡片磁条上。

3.此签到墙与值日墙、日历墙相结合。

签到方法：2.0 版

在之前操作的基础上，用汉字表示"单数""双数"。

一段时间以后，孩子们对于单双数可以自己进行区分，不再需要依赖老师的卡片提醒，自己可以准确地把贝壳标记贴到对应的磁铁条上面。

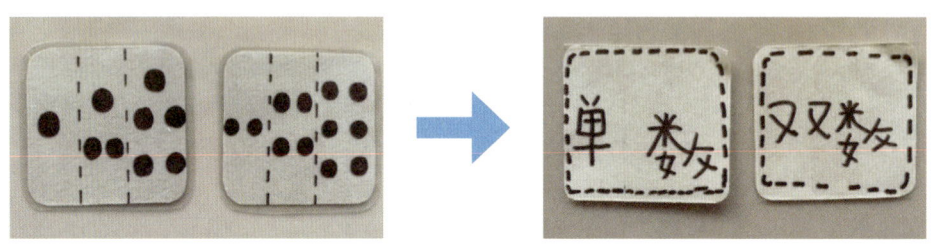

签到方法：3.0 版

1. 在 2.0 版基础上，每天需要掷骰子确定数字两次，孩子们可以自主选择使用加法还是减法来进行签到。

2. 学会用骰子进行加减运算来完成签到。

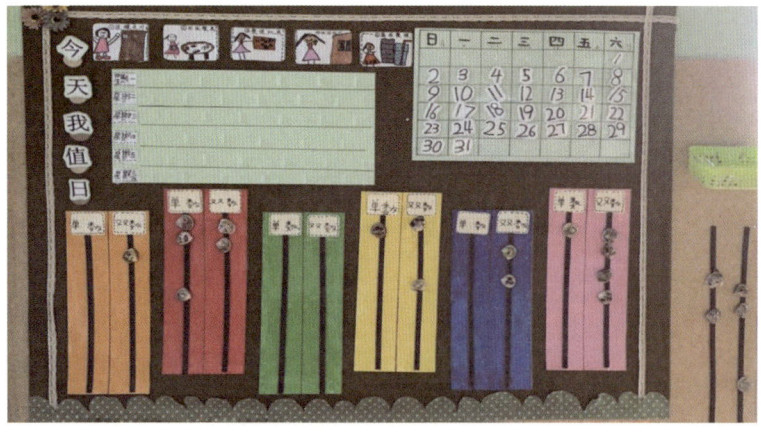

经验获得：

1. 通过签到小游戏，孩子们学会了分类、统计。

2. 善于观察，能用数字进行记录，能够借助实际情境和操作理解加与减的实际意义。

3. 通过颜色与数字、数字与数字的匹配促进手眼协调能力的发展。

4. 知道关心同伴。

（设计教师：江苏省如东县洋口镇洋口幼儿园　杨迎　周梅）

（二十一）

适用班级：大班

材料准备：每名幼儿一张头像和名字的名片，家园地图及统计表、子母贴签到板，1~20 的数字卡片四份、小红旗四张，接送人卡片各一张（大）、接送人卡片各三张（小）、交通方式卡片各一张（大）、交通方式卡片各三张（小），统计、比较、数运算填空表各一份，子母贴若干。

签到方法：

签到墙"我的家园地图"一共有两个板块："家园地图"和"早安签到墙"。

"家园地图"是师幼实地考察、调查统计、学习百度地图而共同完成的"微地图"，其中包含标志性地点、马路、河流以及村与村之间的马路，孩子们用绘画表现自己村的样子，连同自己的名片一起，按照实际位置粘贴进"家园地图"内。"早安签到墙"由两套不同的分类图标（接送人、接送方式）、序数、数运算组成。

入园：

1.幼儿从"家园地图"内拿取自己的名片，根据"早安签到墙"中的分类方式按照顺序粘贴在对应的数字下面，如：今天是爸爸送上学的就将名片粘贴在"爸爸"图标后。

2.根据每天签到情况幼儿轮流进行记录，并进行统计、比较、数运算。

离园：幼儿在"早安签到墙"上取下自己的名片，送回"家园地图"自己家对应的家庭住址，幼儿对居住人数、接送人、接送方式进行统计，之后与老师同学再见，结束一天的幼儿园时光。

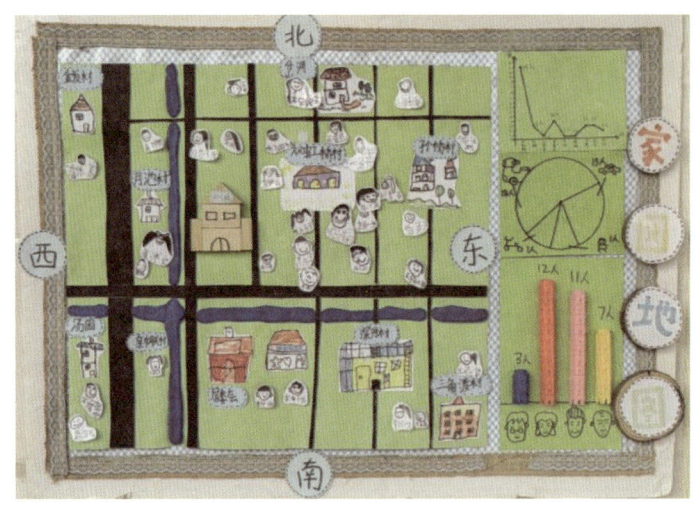

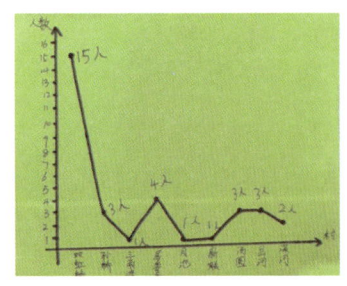 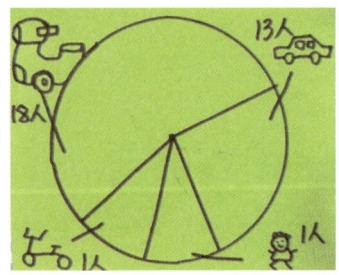 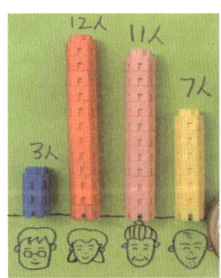

经验获得：

1. 知道自己家的所在村名及大致位置，能在家园地图中定位自己家的位置。

2. 能结合现实并在日常签到中掌握模式中的按类别排序方法，对模式感兴趣。

3. 尝试对每天接送人、接送交通方式进行分类、统计，并尝试比较大小和简单的数运算。

（设计教师：江苏省如东县新店镇幼儿园　邹青　花雪梅　赵艳霞）

（二十二）

适用班级：大班

材料准备：可操作的时钟每人一个，签到时间的表格每人一张，幼儿照片一张，有扣眼的手工麻绳每人一根，雪花片若干。

签到方法：1.0 版

幼儿每天早晨入园后先观察大时钟或者电子时钟上的时间，然后找到自己的签到表，记录来园时间，再拿小时钟拨动时针和分针记录自己来园的时间，最后在下面的小麻绳上为自己串上一片雪花片，再给麻绳打个结。

在 8 点和 8 点半之间属于正常时间入园，8 点半之后入园的属于迟到，迟到的幼儿要在麻绳上串上一片黑色的雪花片（可以一个一个串，也可以用雪花片拼搭），以此类推，一个月下来幼儿用数雪花片的方式统计自己迟到了几次、有几次正常时间段来园。正常时间来园的有奖励。

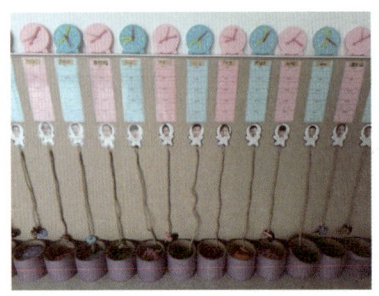
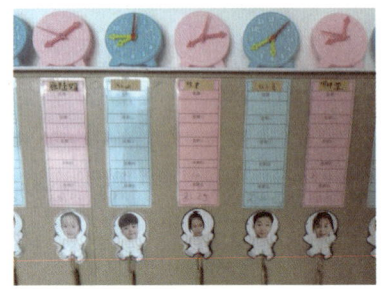

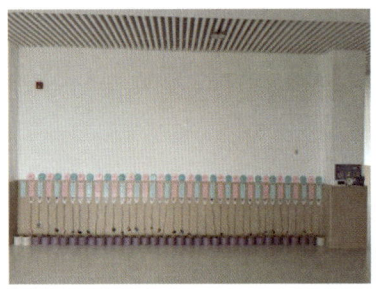
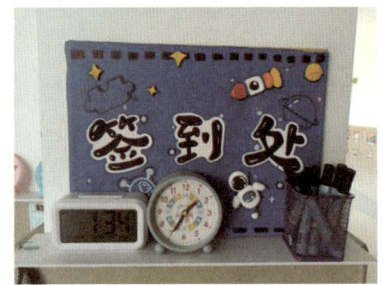

签到方法：2.0 版

在 1.0 版基础上，将幼儿的照片更换成个人名片，幼儿和家长一同自制个人的抽拉小名片，名片里有自己写的名字、自己的不同本领和爱好、身高和体重。孩子在签完到后可以向别人介绍介绍自己的名片或者看看别人的名片，增加同伴之间的互相了解。

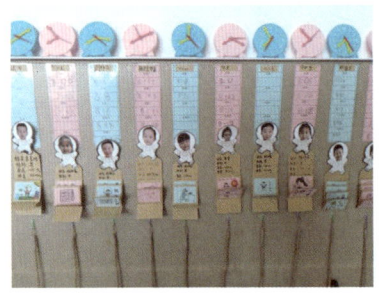

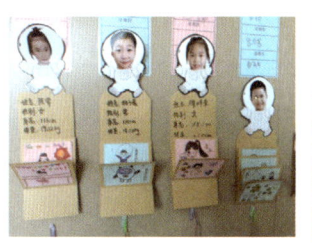 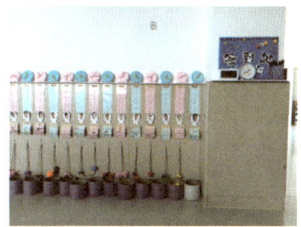

签到方法：3.0 版

继 2.0 版之后增加了幼儿测量身高、记录自己身高的一项，每个月孩子们自己记录或者同伴互助一同测量身高，并在自己的身高尺上画上记录，结合签到墙，根据真实的身高刻度去记录。孩子们能在签到墙上看见整体的身高情况，讨论怎样才能长高。后续在班级开展关于身高的课程。

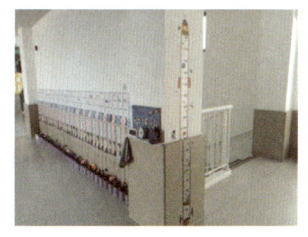 

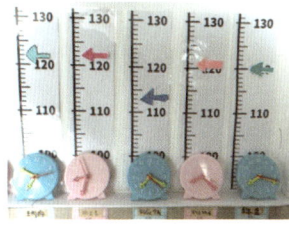 

经验获得：

1. 认识时钟，通过自己拨动时钟、记录时间，建立初步的时间概念，养成按时作息的良好习惯。

2. 制作个人名片，正确书写自己的名字，并大方地在集体面前介绍自己的名片。

3. 认识身高尺度表，通过自己测量身高并记录，了解影响身高的众多因素。

（设计教师：江苏省如东县爱民路幼儿园　陈惠）

餐点墙：今天你吃了吗？

江苏省实施课程游戏化项目以来，特别重视生活环节教育价值的挖掘，而自主餐点就是生活中的一环。所谓自主点心就是在一天相对固定的时段内幼儿自主选择吃点心的时间；自主午餐，就是幼儿自己盛饭、自己整理碗筷等。为了解班级幼儿是否吃了点心，以及是否光盘的情况，各班教师根据幼儿的年龄特点设计了不同的记录方法；而幼儿在幼儿园每天中午要吃什么，可由班级值日生进行餐前播报，光盘的幼儿在相应的位置贴上名字或其他标记。自主餐点可视化记录融游戏性、趣味性以及多领域核心经验于其中，让幼儿在记录的同时习得经验，养成自主管理以及良好的生活、卫生习惯。

（一）

适用班级：小班

材料准备：幼儿涂色的稻谷和稻穗图片若干、幼儿头像照片、子母扣、袁隆平爷爷图片、稻穗一把、稻田背景图。

画面呈现：

环境解读：

1.0 版：幼儿分成几个小组，每组 6 名小朋友。每天午餐能够光盘的幼儿，在自己小组的稻穗上粘贴一粒稻谷，小组通过看一看谁的稻穗长得高的方式，鼓励幼儿积极参加光盘打卡。

2.0 版：幼儿就餐习惯养成之后，加入情境，粘满稻穗的一组幼儿可以兑换一根真实的稻穗，插入小组的稻穗收集瓶中。

升级版：幼儿进入中班后可以用图表的形式记录本组幼儿的就餐情况，学习用图画或者形状等对事物进行描述，并形成可视化的图表。

经验获得：

1.学习就餐礼仪，并遵守用餐秩序，不吵闹、不喧哗，文明用餐。

2.进餐做到不剩饭，不剩菜，不挑食，不偏食，懂得珍惜粮食。

3.就餐时注意保持桌面、地面整洁。

（设计教师：江苏省如东县宾东幼儿园　王雯雯　冯伟）

（二）

适用班级：小班

材料准备：棉线制作的小房子两幢、小旗子两面、小海星头像、大拇指图、海洋图示等。

环境解读：

墙面创设爬楼的游戏情境，调动幼儿自主餐点的积极性。上午吃完点心后，带着有自己头像的小海星从池塘里游出，爬上一层楼；中午吃好饭，如果可以光盘，则能再上一层楼，未能光盘则不动；下午吃完点心再往上爬一层，看看谁最先到达插小旗子的终点。

经验获得：

1. 在爬楼层的过程中，获得简单的数学经验。

2. 通过爬楼梯的方式，养成光盘的好习惯。

3. 分成男女小组完成爬楼游戏，初步获得性别意识。

（设计教师：江苏省如东经济开发区中心幼儿园　盛丹妮）

（三）

适用班级：小班

材料准备：毛球、进餐流程示意图、玻璃管、压舌板、标记贴纸、松紧绑带、扭扭绳做成的小花、收纳篮、颜色卡片。

画面呈现（1.0版）：

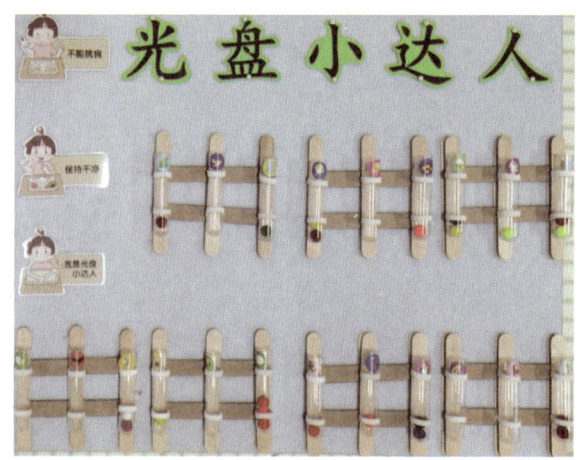

环境解读：每天"光盘"的幼儿，选择一个最喜欢的彩色毛球，放入有自己标记的玻璃管中。每周五，请幼儿用夹子将毛球夹出来。

经验获得：

1. 知道什么是"光盘"，了解"光盘"的意义。

2. 通过送毛球的行为，掌握一一对应的数学核心经验。

3. 通过用夹子夹出毛球的活动，锻炼手部小肌肉。

画面呈现（2.0 版）：

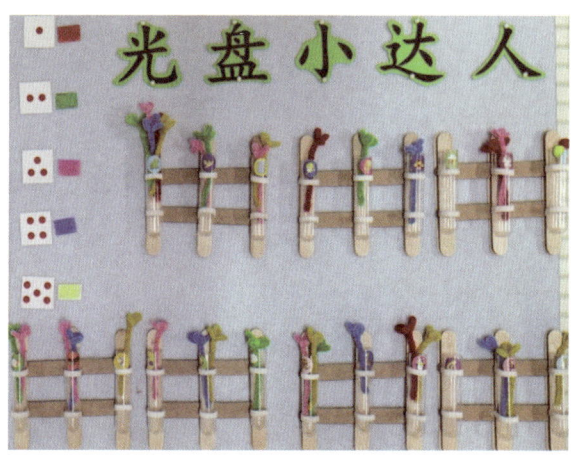
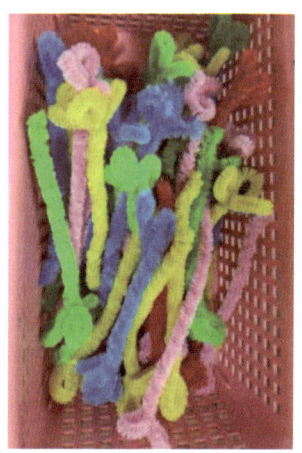

环境解读：

1. 在 1.0 版的基础上加入颜色和圆点卡片。

2. 圆点表示星期，颜色卡片表示小花的颜色。如：一个圆点表示周一，圆点后面是红色卡片，表示周一选红色小花进行"光盘"记录。

3. 幼儿根据圆点和颜色标记，光盘后取相应的小花插入自己的标记瓶里。

经验获得：

1. 认识颜色，会点数圆点数量，了解一周有 5 天。

2. 能根据颜色和圆点进行匹配对应。

画面呈现（3.0 版）：

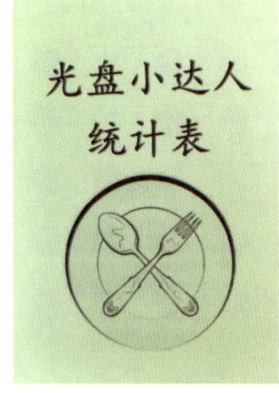
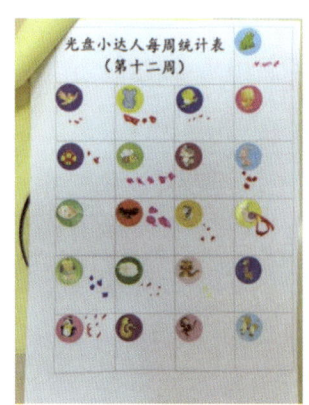

环境解读：

1. 在 2.0 版的基础上，增加了统计部分。

2. 每周五下午，幼儿进行"光盘"统计。幼儿点数自己得到的小花数量，用笔在贴有自己标记的格子里画出相应数量的圆点。

经验获得：

1. 点数 5 以内的数，说出总数，并用笔进行记录。

2. 在表格中寻找自己的标记，初步感受空间方位。

3. 养成节约粮食的好习惯。

（设计教师：江苏省如东县岔河镇岔北幼儿园　刘翠翠　陆思遥　陈煜瑄）

(四)

适用班级：中班

材料准备：笑脸挂钩、学号、吃点心步骤示意图、蓝色挂牌、拍拍灯、名字条、磁性小组贴。

画面呈现1：

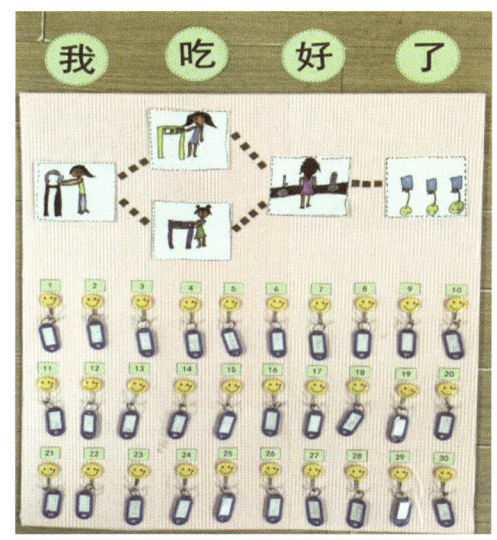

环境解读：

自主点心时间，幼儿吃完餐点，即在生活墙找到自己的学号，将蓝色挂牌挂到相应学号位置，班级教师和保育员能一目了然地知晓哪些幼儿已经吃过，哪些幼儿还没有吃。

经验获得：

1. 能根据流程图的提示，有序地洗手吃点心。

2. 自主安排自己吃点心的时间。

3. 加深对数字的感知，能分清、记住自己的学号。

画面呈现 2：

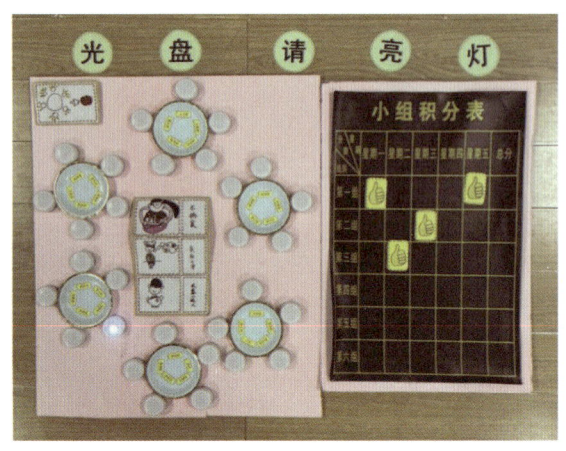

环境解读：

午餐后，能将自己的饭菜汤全部吃完实现"光盘"的幼儿，将自己姓名前的拍拍灯点亮。规定时间内，小组灯全部点亮后，就可以在小组积分表中贴一个大拇指。一周统计哪一组"光盘"次数多，利用周五放学前的时间进行表扬。

经验获得：

1. 能根据平时的饭量和实际情况，盛适量的饭菜，懂得爱惜粮食、杜绝浪费，体验"光盘"的自信和快乐。

2. 正确感知 6 以内的数，并尝试学习用一组计数的方法；初步积累统计经验。

3. 学会看纵坐标和横坐标，感知空间方位，掌握确定空间方位的正确方法，发展逻辑思维能力。

4. 具有初步的集体荣誉感，知道自己要为小组增光，从而不断努力。

（设计教师：江苏省如东县群力幼儿园　曹琳娟　金彧轩）

（五）

适用班级：中班

材料准备：每天点心和午餐食物的照片，纸盒和写好学号的木棒，光盘之星的打卡表格。

画面呈现：

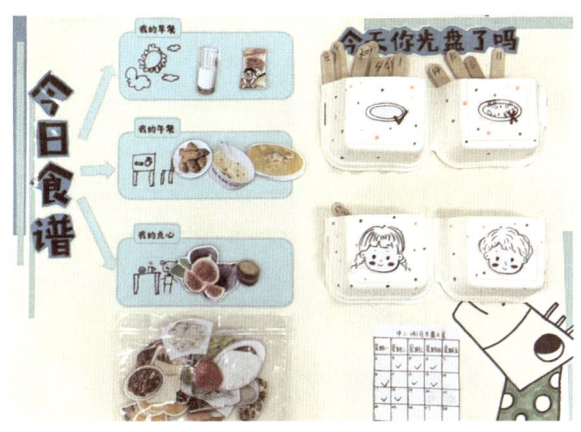

环境解读：

值日生将食物和点心图片贴在相应区域，在每天点心和午餐前，为小朋友们介绍今天的点心和午餐；午餐后，请小朋友们找到有自己学号的木棒，吃完的把木棒放在打"√"的纸盒里，没有吃完的放在打"×"的纸盒里。这样老师可以清楚地看到哪些幼儿已经吃完，哪些没有吃完；同时对"光盘"的孩子进行鼓励。小朋友可在"光盘之星"的打卡表中打上记号，一个月统计一次，"光盘"次数最多的小朋友获得"光盘之星"称号。

经验获得：

1.加深对数字的感知，能分清、记住自己的学号。

2.丰富对蔬菜、水果的认知，知道各种各样食材的名称以及简单的做法。

3.通过打卡的方式，懂得爱惜粮食、杜绝浪费，体验"光盘"的自信和快乐。

（设计教师：江苏省如东县栟茶镇靖海幼儿园　张程晶　陈葳）

（六）

适用班级：中班

材料准备：学号、花朵盘、鸡腿盘、大拇指图形若干。

画面呈现：

环境解读：

午餐后，能将自己碗里饭菜全部吃完的小朋友，先将自己的学号贴到花朵盘格子里，再把一个大拇指贴在青蛙口袋中自己的学号上，未"光盘"的小朋友将学号贴到鸡腿盘格子里。每天利用饭后时间进行小结，每周五根据每个人的"光盘"次数，进行积分兑换。

经验获得：

1. 知道吃多少盛多少，养成良好的用餐习惯。

2. 能够在认识自己学号的同时，进行点数统计。

（设计者：江苏省如东县河口镇中心幼儿园　陈慧慧　符楚杨）

（七）

适用班级：中班

材料准备：桥型图、幼儿绘制盛饭时出现的问题以及解决办法的图片。

画面呈现：

环境解读：

利用桥形图把中班小朋友从自己盛饭时发现诸多问题，到真正掌握盛饭这个生活技能的学习过程直观地呈现出来。

教师通过一座"长长的桥"，把一系列问题以及解决方式进行类比、联系。在这过程中，所有的经验与表征来自于孩子，其"理得清、看得见"的表现方式引发孩子不断举一反三，这座桥还可以变得更长。

经验获得：

1. 能看懂桥型图的意思，知道桥的上面和下面分别表示出现的问题以及解决问题的方法。

2. 养成良好的用餐习惯，不浪费粮食。

3. 认真做好值日生工作，愿意为集体服务。

（设计教师：江苏省如东县群力幼儿园　张鸿燕　龚晓娟）

适用班级：大班

材料准备：光盘示意图、班级所有幼儿学号标记、雪花片（星期一到星期五，分别为红色、黄色、蓝色、绿色、红色）、颜色提示卡、光盘天数兑换提示卡。

画面呈现：

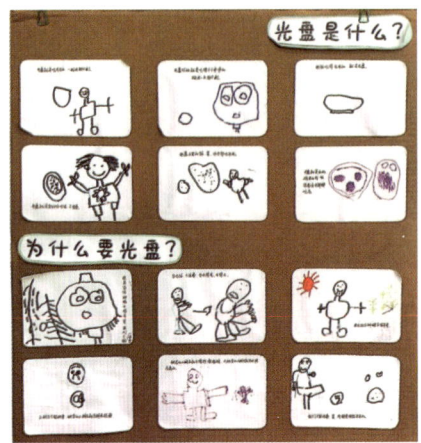 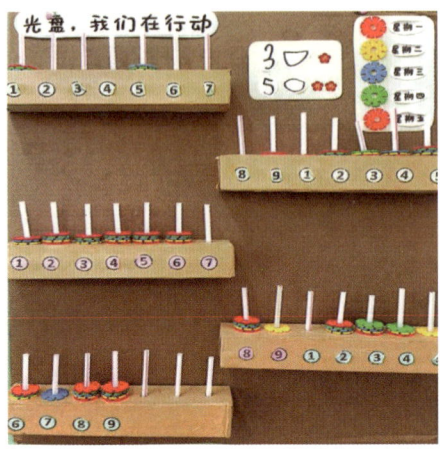

环境解读：

幼儿将有关光盘行动的问题记录下来，并将讨论结果画出来贴在上面，能够直观地了解到"光盘是什么""为什么要光盘"。

幼儿根据每天用餐情况，在自己的颜色数字标记上插对应颜色雪花片（比如周一光盘了，插红色雪花片；周二光盘了，插黄色雪花片），未能光盘的不放雪花片，每周五对自己的用餐情况进行统计，一共光盘了几天。若一周5天全部都光盘，即可获得2朵小红花奖励；若一周光盘的天数达到3~4天，即可获得1朵小红花奖励，光盘天数低于3天的不奖励。

经验获得：

1.通过讨论，知道"光盘是什么、为什么要光盘"，理解光盘的意义。

2.知道食物来之不易，养成节约粮食、爱惜粮食的好习惯。

3.利用雪花片记录、统计每天、每周的用餐情况，增强计数能力。

4.正确判断10以内的数，并积累初步的数统计经验。

（设计教师：江苏省如东洋口港经济开发区港城幼儿园　葛雨梅　陈贵娟）

（九）

适用班级：大班

材料准备：幼儿绘制标记图片（上有水果以及数字）、班级幼儿名字贴、即时贴、统计图底板。

画面呈现：

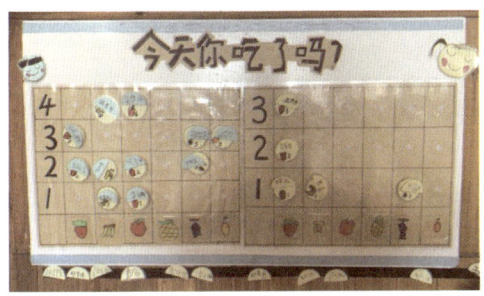 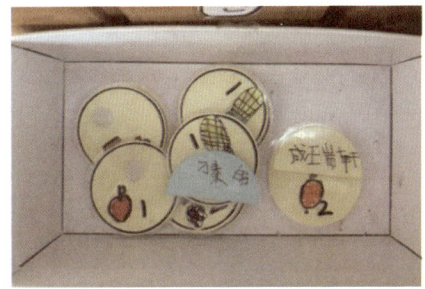

环境解读：

幼儿吃完点心，从图最下面黑色条形即时贴上取下自己的名字贴，再从相应的盒子里取出画有不同水果和数字的底卡，将名字贴贴上，合成完整的标记，最后贴到底板相对应的格子里，对每日的餐点情况进行打卡记录。

经验获得：

1.将自己的名字贴和不同数字、水果相结合，并在归类摆放过程中，习得按物体的两种及两种以上属性特征给物体分类的数学核心经验。

2.按自己意愿选择需要的点心，尝试自己取用点心、自己整理，学会自我管理。

3.理解序数的概念，能说出自己的标记放在第几排第几个。

（设计教师：江苏省如东县群力幼儿园　施玉张　陈海英　高桂芳）

（十）

适用班级：大班

材料准备：幼儿绘制荤菜蔬菜图片、班级所有幼儿的名字图片、拍拍灯、统计图。

画面呈现1：

 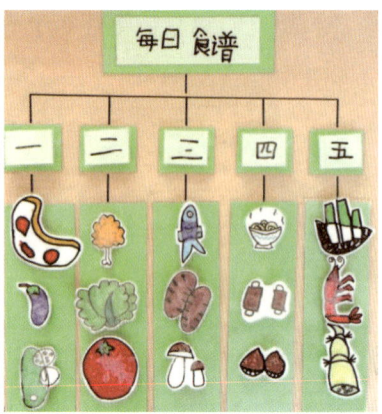

环境解读：

每日午餐前，班级幼儿轮流担任"美食播报员"，对当日的餐点进行一一介绍，并在"每日食谱"栏及时贴好相应的时间日期及菜谱。

经验获得：

1. 知道食物来之不易，懂得珍惜粮食。

2. 丰富对食物的认知，知道各种食物的名称及其营养价值。

3. 能在集体面前大胆自信地表达，语言流畅清晰。

4. 能用不同的符号对食物进行表征，并利用树状图对食物进行荤素分类摆放。

画面呈现2：

环境解读：

午餐后，光盘幼儿将自己的名字图形贴在本组图形标记里，一组全部光盘则能拼成完整的图形，组长按亮拍拍灯。每天安排光盘记录员，负责统计每天光盘的人数及未光盘的人数。

经验获得：

1. 知道食物来之不易，养成节约粮食、爱惜粮食的好习惯。

2. 感知图形的分合，积累图形分割的经验。

3. 增强小组的凝聚力，知道自己的成功和团队的努力息息相关。

4. 正确感知10以内的数，并积累初步的统计经验。

（设计教师：江苏省如东县群力幼儿园　顾楠　刘明珠）

（十一）

适用班级：大班

材料准备：光盘示意图、光盘记录表、磁性贴。

画面呈现：

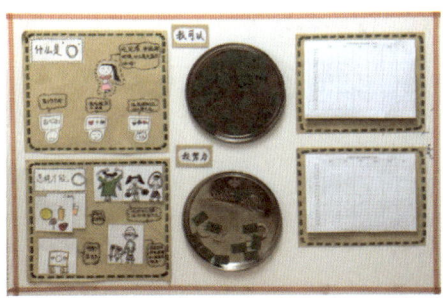

环境解读：

图示部分：幼儿通过手绘的方式，将关于光盘行动的问题记录下来，并将讨论结果贴在上面，能够直观地了解到"什么是光盘行动""怎样做到光盘"。

记录表部分：按男女分组，根据每天的用餐情况"饭菜是否吃完""桌面地下是否整洁""能否在规定时间内吃完"打"√"，或打"×"，每周五对表上的用餐情况进行统计，成功光盘了几天，便写上相应的数字。

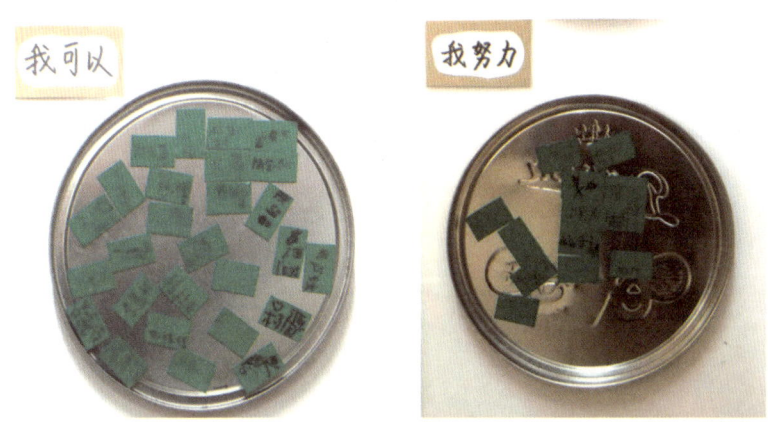

磁性贴部分：每位小朋友都在磁性贴上手写自己的姓名，光盘的小朋友将姓名贴在"我可以"的盘子上，不能光盘的小朋友将名字贴在"我努力"的盘子上。

经验获得：

1.通过讨论，知道"什么是光盘，怎样做到光盘"，理解光盘的意义。

2.养成良好的用餐习惯以及珍惜粮食的良好品德。

3.利用记录表，记录、统计每天、每周的用餐情况，增强计数能力。

4.通过"我可以""我努力"，培养积极的心态。

（设计教师：江苏省如东县群力幼儿园　曹琳娟　金彧轩）

（十二）

适应班级：大班

材料准备：蓝色、红色、绿色水彩笔，黑色勾线笔、小红花、奖杯、兑换币。

画面呈现：

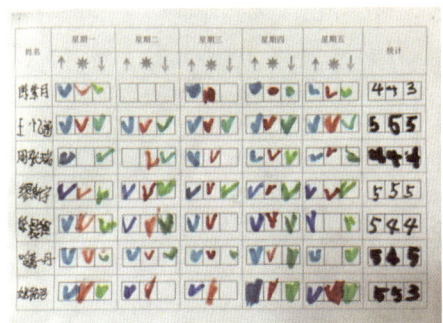

图一　幼儿记录单

图二　兑换规则

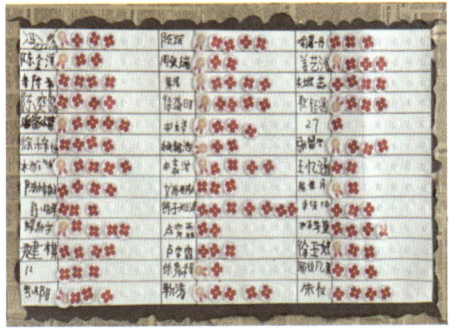

图三　光盘奖励

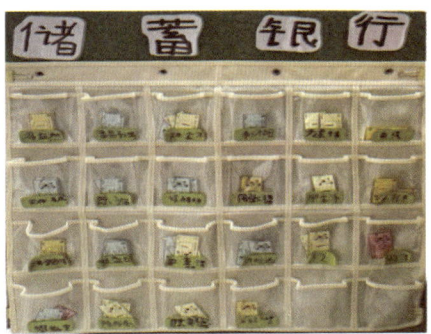

图四　小鲸鱼储蓄银行

环境解读：

1. 周一来园后按顺序在表格上书写自己的姓名。

2. 上午自主点心后在（图一）的朝上箭头（↑表示上午）一栏用蓝笔打"√"。午餐后在图一太阳☀（表示中午）一列用红笔打"√"。下午自主点心后在朝下箭头（↓表示下午）一栏用绿笔打"√"。

3. 集齐3种颜色的"√"可获得1朵小红花，贴到墙上（图三）自己名字后面。星期五下午，孩子们自行统计一周的光盘次数。根据兑换规则（图二）自行兑换（兑换规则：3个"√"兑换1朵小红花，一周累积5朵小红花兑换1个奖杯，2个奖杯到储蓄银行兑换1元）。

4. 学期结束后可以用银行里的"钱"找老师兑换"光盘达人勋章"。

经验获得：

1. 习得等价置换的经验，养成良好的规则意识。

2. 在兑换奖励中形成光盘动力，养成良好的用餐习惯及珍惜粮食的品德。

3. 通过记录、统计每天、每周的用餐情况，增强计数能力。

（设计教师：江苏省如东经济开发区中心幼儿园　戴金銮　杨吕）

值日生墙：我们真能干

值日生工作是幼儿班级生活的重要组成部分，通过可视化环境呈现每天值日生工作的内容以及每项内容的完成者是谁，在带动同伴学习的同时，也便于同伴之间的学习分享与相互评价。幼儿轮流担任值日生工作有助于他们养成良好的整理和生活习惯，增强劳动的积极性，从而树立为集体、为他人服务的意识。

（一）

适用班级：中班

材料准备：磁性白板、绘制值日内容小图标、贴有学号的小磁贴。

画面呈现：

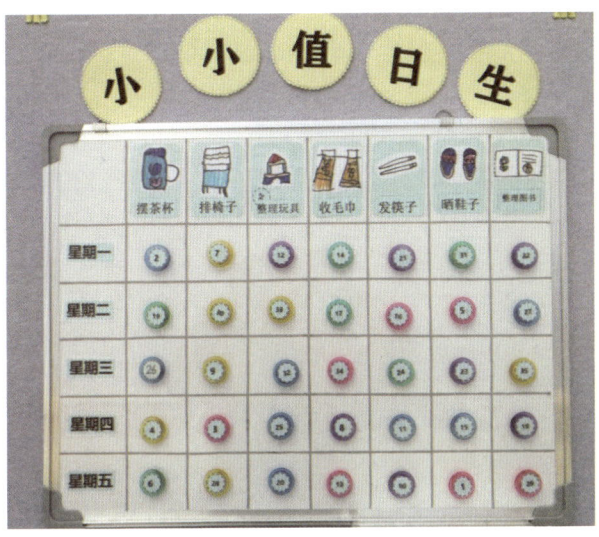

环境解读：

集体讨论值日生需要做哪些工作，然后选择相应劳动内容的小图标，并把小图标贴在磁性白板最上面一栏中，值日内容可以根据实际情况进行调整。幼儿自主选择在星期几做值日生，选择在同一天做值日生的小朋友相互讨论、分工，最后将自己的学号小磁贴放到相应的格子里。

经验获得：

1.参与整理玩具、分发碗筷、擦桌子等劳动实践，提高生活自理能力。

2.学会看值日表格，从横向、纵向结合看，知道每天不同的值日任务分别是谁来做。

3.通过做值日生，懂得做事要认真，养成有始有终、持之以恒的良好劳动习惯。

4.培养自我服务意识，树立为集体服务的意识，体会能为大家服务是一件非常光荣和快乐的事情。

（设计教师：江苏省如东县宾东幼儿园　曹小燕）

（二）

适用班级：中班

材料准备：大树底板、孩子头像标记、值日生挂牌。

画面呈现：

环境解读：

本版块将一日生活流程与班级公约、值日生进行整合。一日生活流程体现在树干上，果实上显示班级公约，叶子上呈现值日生要做的事情。孩子自己选择值日的日期，当早上来园后，佩戴值日生胸牌，取下自己的头像，张贴在想做的值日生工作旁边。值日生分工合作，分别负责维护纪律、卫生提醒、照料种植区花草、分发碗筷等工作。

经验获得：

1. 养成劳动习惯，增强自信心。

2. 具有班级归属感，喜欢自己的班级，积极参加班级活动。

3. 愿意为班级做事，体验为他人服务的自豪感。

（设计教师：江苏省如东县新店镇汤园幼儿园　王迎　秦轶男　沈燕红）

（三）

适用班级：大班

材料准备：幼儿绘制值日生任务（思维导图）、班级所有幼儿头像贴（女孩粉色、男孩蓝色）、操作底板。

画面呈现：

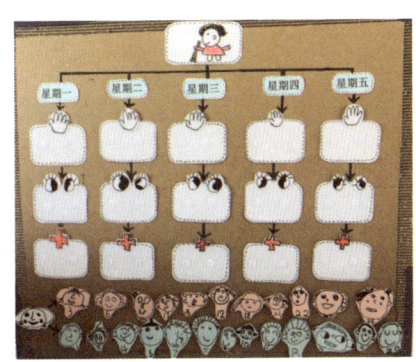

环境解读：

每天放学之前，孩子们集体讨论第二天班级值日生要做的"工作"，先小组内讨论、分工。小手标记框代表"小帮手"，完成擦桌子、分碗筷、整理玩具等小任务；眼睛标记框代表"监督员"，检查小值日生是否及时完成"工作"；红色十字标记框代表"卫生检察员"，检查桌面是否干净以及小朋友的卫生情况等。孩子们根据不同标记选择不同任务，然后将自己的头像贴粘贴到相应的任务框里。

每周五由小帮手值日生将头像贴分男女排成两列，每列按学号顺序排列。作为激励，每日评选一名最佳值日生，给予小星星鼓励。月底，评选一名最棒值日生，颁发奖牌一枚。值日生工作可以根据班级情况进行调整，值日生来园"上班"，就贴上头像贴，佩戴胸卡。

经验获得：

1. 在与环境的交流中获得信息、锻炼能力，培养责任意识。

2. 愿意为班级做事，培养小主人翁意识。

3. 在轮流当"小值日生"中，体验为集体劳动的快乐。

（设计教师：江苏省如东县城中街道九总幼儿园　朱丹丹　张伟）

（四）

适用班级：大班

材料准备：与幼儿共同商量后的值日生任务（请幼儿用绘画的形式表现）、值日生安排表（20名幼儿分为5组，每组4人，从上至下为1~4号），1~4数字卡片（字母贴）。

画面呈现：

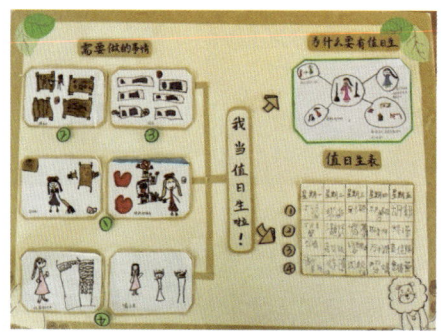

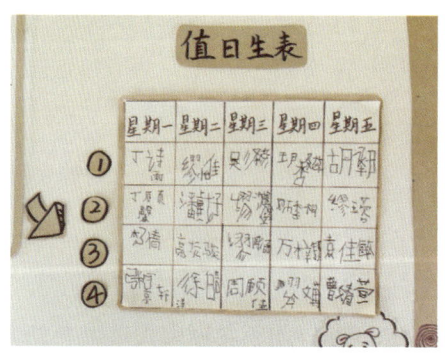

环境解读：

根据值日生表进行值日，例如礼拜一是王*、张*、林*、徐*，他们分别是当天的1至4号值日生，然后将数字号码贴在自己想要做的任务下面。

经验获得：

1.能观察表格判断自己在星期几值日，并自主选择值日的内容，增强主人翁及为集体服务的意识。

2.通过为同伴、班级做力所能及的事情，在锻炼生活自理能力的同时，提升服务自我、服务他人的能力。

3.增进同伴之间的情感，喜欢合作完成任务。

（设计教师：江苏省如东县栟茶镇靖海幼儿园　施想）

气象墙：今天是什么天气？

天气和人们的生活息息相关，天气是生活中常见的要素。在师幼共同营造的可视化气象互动墙中，幼儿不仅逐渐学会了自我管理，理解需要根据天气的变化增减衣服，知道根据气温变化自主喝水，还在教师的引导下学会对一段时间内的天气变化进行统计，理解天气变化走向折线图，了解一年四季气温的变化趋势，如一个月中，温度最低和最高分别出现在哪一天；本月阴、晴、雨天各有多少天；春季、冬季气温差异会是怎样的等等，从而积极感知天气变化对生命生长的积极与消极影响，萌发对大自然的探究与热爱之情。

（一）

适用班级：中班

材料准备：幼儿制作的表示不同天气的图标、日期卡片、台历、笔等。

画面呈现：

环境解读：

幼儿绘画出不同的天气图标、日期卡片，制作成动物转盘，每天值日生来园后，先在台历上圈出时间，拿出对应日期卡片挂上，再根据当天的天气情况将指针转动至相应的天气图标及日期。晨间谈话环节，值日生播报当日的天气情况。

经验获得：

1.认识天气图标，能大方地播报每日天气情况。

2.能在台历上找到每天的日期，并准确摆对时间卡片。

3.对观察天气感兴趣，萌发热爱自然的美好情感。

（设计教师：江苏省如东县袁庄镇沿南幼儿园　贾胜男　张周慧）

（二）

适用班级：大班

材料准备：幼儿制作的表示不同天气的图标，一周天气统计表，夹子，温度计等。

画面呈现：

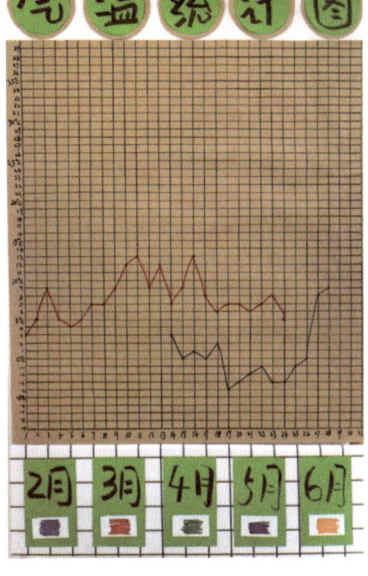

环境解读：

幼儿用图画的方式表征各种不同的天气，每天来园后，值日生用不同的标记表示当天的天气，并在谈话活动中对全班幼儿进行播报。一周或一个月后，对每周或每月的天气情况进行汇总与统计，并做成折线图。一个阶段后观察折线图的走向，从中了解气温的变化趋势，并进行一些初步的统计。如：温度最低和最高出现在哪一天，春季、冬季气温相差多少等等，在谈话活动间学会表述天气的冷暖变化。幼儿通过收集数据、分析数据，了解气温变化与季节的关系以及如何根据气温变化来增减衣着，增强自我保护能力。

经验获得：

1. 对天气的变化感兴趣，能在集体面前大胆讲述每天的天气情况。

2. 感知30以内的数，能对一周和一个月的天气情况进行统计，学习画折线图。

3. 对周、月概念有初步的感知,知道一年有 12 个月。

4. 增强自我保护能力,能根据天气的变化增减衣服等。

(设计教师:江苏省如东县群力幼儿园　刘明珠　顾楠)

(三)

适用班级:大班

材料准备:日期数字、幼儿制作的天气图标、星期卡、温度提示卡、字母贴。

画面呈现:

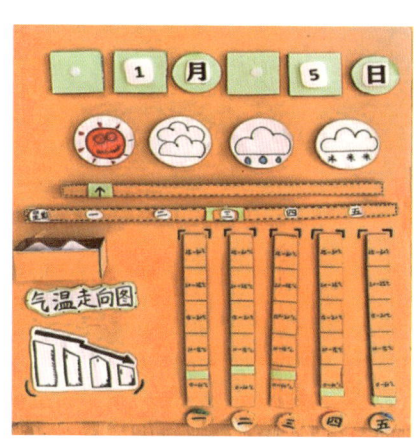

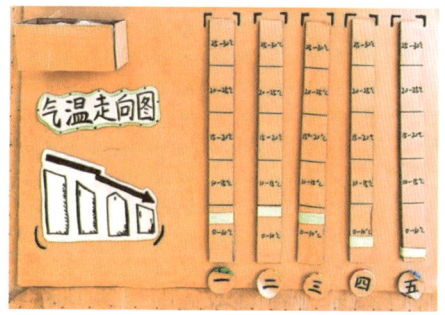

环境解读:

幼儿用绘画的方式表征各种不同的天气,每天来园后,值日生把对应数字粘贴在日期上,把↑指示标志挪到相应天气图标上,把绿色小方框挪到对应的星期上,在家查好气温后在气温走向图上做好标记,并在谈话活动中向全班幼儿进行播报。到周五幼儿通过观察比较折线图,能清晰地了解这一周的天气变化。

经验获得：

1. 了解几种常见的天气，知道天气预报与人们生活的关系。

2. 学习做天气、温度记录。

3. 能够大胆地参与讨论、设计天气图标，对天气记录感兴趣。

4. 通过操作，激发主动、积极参与各种活动的兴趣。

（设计教师：江苏省如东洋口港经济开发区港城幼儿园　葛雨梅　陈贵娟）

（四）

适用班级：大班

材料准备：幼儿绘制的表示不同天气的图标，可擦白板纸，美工钉，红蓝两色皮筋，温度计等。

画面呈现：

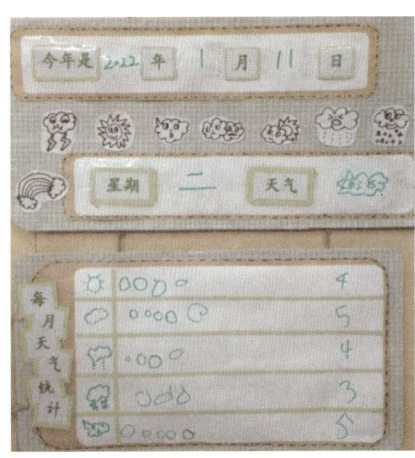 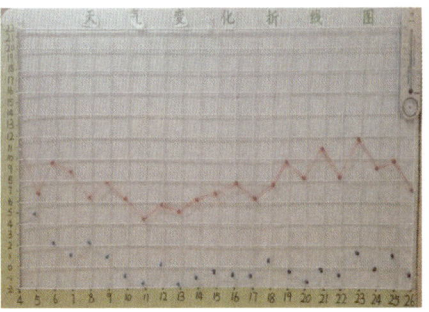

环境解读：

数字记录：每天来园后，值日生用画笔在白板纸上表征今日天气，并在谈话活动中向全班幼儿进行播报。每月月末，幼儿分小组对每月天气情况进行统计。

折线图记录：用美工钉和红蓝两色的皮筋，对每天最高和最低温度进行记录，最后形成一个月的最低温度和最高温度的折线图。

经验获得：

1. 对天气的变化感兴趣，能在集体面前大胆表达。

2. 能用简单记录表对一周和一个月的天气变化进行统计。

3. 能用简单工具学做折线图。

4. 对周、月概念有初步的感知，知道一年有12个月。

5. 增强自我保护能力，能根据天气的变化增减衣服等。

（设计教师：江苏省如东县新店镇幼儿园　赵萍萍　李易）

（五）

适用班级：大班

材料准备：一月天气记录表、天气柱状统计图、勾线笔、水彩笔等。

画面呈现：

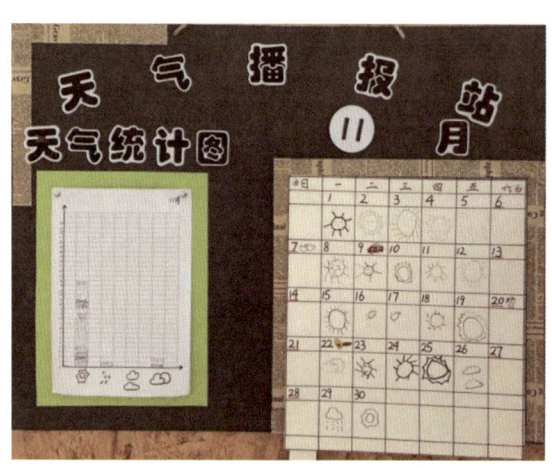

环境解读：

1. 幼儿找到日历图中的"今天在哪里"，查看当天是否有节气、节日，可在老师引导下在日期后空格里做上相应的、具有代表性的标记，如：11月9日是全国消防日，孩子们可在11月9日这一格里画上消防车。

2.根据当天的天气情况用图标进行表征，在柱状图上找到横轴对应的天气标识，在相应纵轴位置上涂斜线。

3.利用晨间谈话时间进行天气播报，由记录员说一说当天的天气、节日等。

4.月末对本月的天气情况进行统计。

经验获得：

1.积累二十四节气、各类节日等相关经验。

2.观察不同的天气现象并用图标表示，能在集体面前大胆讲述每日天气情况。

3.能对一周和一个月天气变化进行统计，正确画出柱状图。

（设计教师：江苏省如东经济开发区中心幼儿园　戴金銮　杨吕）

区 域 墙

科学区：你最喜欢玩什么科学游戏？

《幼儿园教育指导纲要（试行）》指出："尝试使用工具来探索问题、寻找答案，将使幼儿得到莫大的愉悦，并对其终身的生活和学习有益。"孩子们的科学探究是从身边的事物开始的，师幼围绕来源于生活现象的科学小游戏，共同探索实验流程，并用可视化的方式予以呈现，借助流程图、气泡图等直观图示，通过实验操作揭秘科学现象，也可留白鼓励幼儿在实验图示中进行补充表征，从而增强探究的积极性和主动性，获得丰富的科学经验。

美丽的彩虹

适用班级：小班

材料准备：水彩笔、水、水杯、餐巾纸等。

画面呈现：

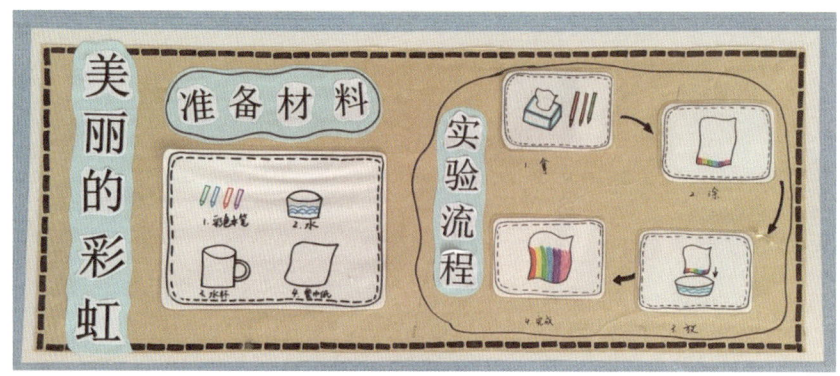

环境解读：

第一步，根据流程图提示进行实验，先用画笔在餐巾纸上画出彩虹色块，然后将画有彩虹色块的餐巾纸放入水中；第二步，观察水中的彩色餐巾纸，发现餐巾纸上的色块会慢慢扩散，从而呈现出美丽的彩虹。

经验获得：

1. 积极参与探究活动，对毛细现象感兴趣。

2. 在教师的指导下完成科学探究的流程图。

3. 能仔细观察，并能用简单的语言表达自己的实验发现。

（设计教师：江苏省如东县群力幼儿园　吴明珠）

谁能浮在水面上

适用班级：小班

材料准备：鹅卵石、乒乓球、小方块积木、回形针、水盆、小贝壳、记录表。

画面呈现：

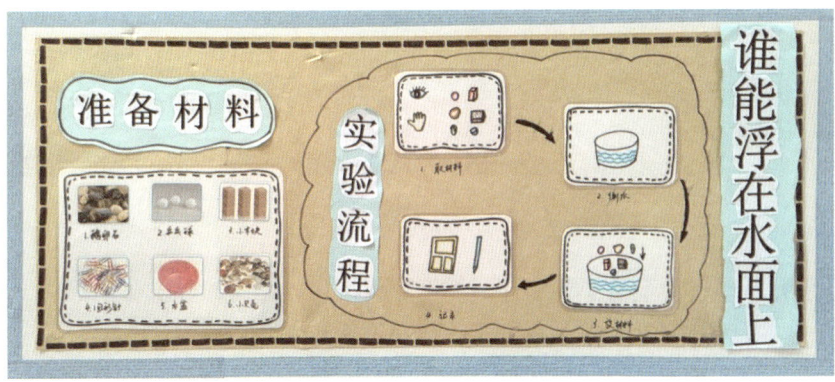

环境解读：

第一步，根据流程图提示进行实验，把准备的材料放入水中，观察哪些物体会浮在水面上，哪些物体沉入水底；第二步，在记录表上，用"↓""↑"符号做记录。

经验获得：

1. 积极参与探究活动，对沉浮现象感兴趣。

2. 在教师的指导下完成科学探究的步骤流程图。

3. 能仔细观察，并能用简单准确的语言讲述自己的实验发现。

（设计教师：江苏省如东县群力幼儿园　吴明珠）

找　影　子

适用班级：小班

材料准备：不同大小的水果操作卡，以及相应的影子卡片若干。

画面呈现：

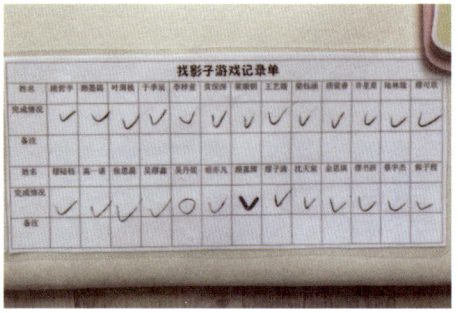

环境解读：

仔细观察底卡上的黑色影子，选择对应的图片进行匹配。底卡可以不断更换，当孩子们都能正确将实物图片与影子匹配后，更换新的一组实物图片。完成后在记录单上记录自己的操作情况。

经验获得：

1. 在游戏中寻找与影子相匹配的物体，并做好记录。

2. 能在游戏评价时间分享自己的游戏发现。

（设计教师：江苏省如东县靖海幼儿园　徐洋洋　陆姝颖）

有趣的乒乓球

适用班级：中班

材料准备：乒乓球若干、乒乓球玩法二维码 8 张、皮球、玻璃球、木球、塑料球、桌球、网球等其他球类各 1 个。

画面呈现：

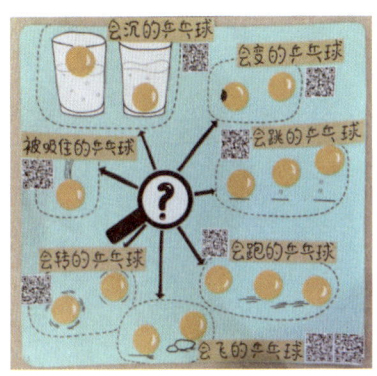
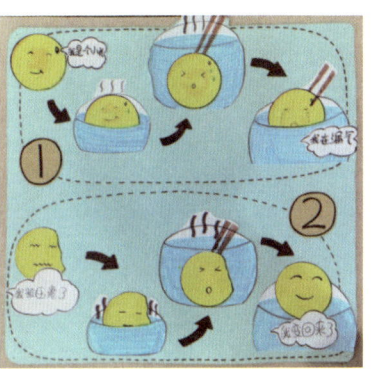
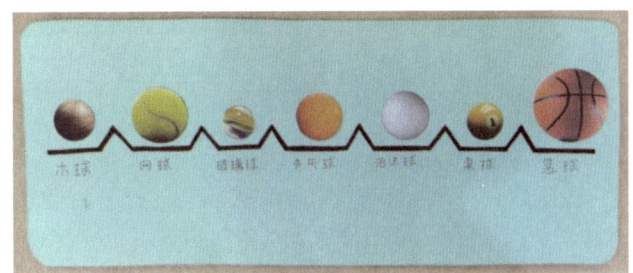

环境解读：

游戏环境分为三个版块。第一版块，采用气泡图呈现乒乓球遇水的几个玩法：会沉、会变、会跳、会跑、会飞、会转、被吸住等，运用幼儿能看得懂的图片及说明乒乓球各个特性视频的二维码，让幼儿在看一看、做一做中直观地感受乒乓球的物理特性，为后续操作过程中解决问题提供支架。同时，也便于教师了解乒乓球可能产生的游戏及幼儿的研究方向，及时梳理幼儿经验并给予相关支持。

第二版块，用流程图的形式展示幼儿针对变形乒乓球的去留问题而展开的讨论：乒乓球破损变形、乒乓球还原过程等。图片可以更换粘贴，随时更换热点内容，进行追踪研究与深度探究，感受与体验乒乓球的变化并进行记录。初步了解相关物理原理，鼓励同伴互助式介绍、解说与交流。

第三版块，用桥型图帮助幼儿进行观察比较，发现乒乓球与皮球、玻璃球、木球、塑料球、毛球、网球等其他球类的异同，并根据观察结果提出问题，如：是不是空心的球都能跳？为什么乒乓球能浮起来？为什么橄榄球是椭圆形的？为什么篮球和足球上的花纹不一样……

经验获得：

1. 积极探究乒乓球的变化，能用语言表达乒乓球的各种变化。
2. 通过思维导图，丰富对乒乓球的认知经验，引发探究的愿望。
3. 拓展对球类的认知经验，增强分析、归纳等能力。

（设计教师：江苏省如东县县级机关幼儿园　吴海燕　徐佳佳）

小小运水工

适用班级：中班

材料准备：乒乓球、海绵、冰淇淋棒、石头、塑料碗、白纸。

画面呈现：

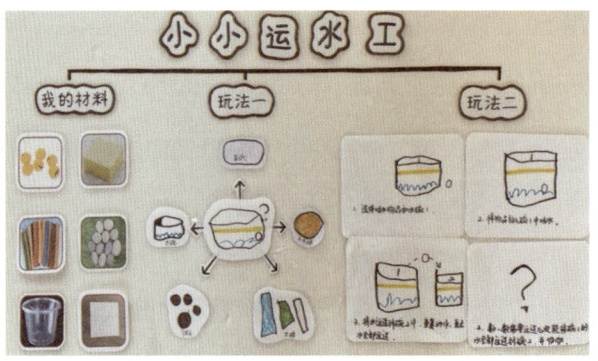

环境解读：

"小小运水工"科学区域墙运用了树状图，三个分支为：我的材料、玩法一、玩法二。其中玩法一运用了气泡图，让幼儿探究哪些材料具有吸水性；玩法二在玩法一的基础上选出了具有吸水性的材料，探索需要几次才能将碗里的水搬运到另外一只碗中。

经验获得：

1. 在探究中发现具有吸水性的材料。

2. 在教师指导下完成科学探究的流程图。

3. 积极参与探究活动，对吸水现象感兴趣。

（设计教师：江苏省如东县河口镇中心幼儿园　陆冕冕　蔡群芳）

乌鸦喝水

适用班级：大班

材料准备：示意图、记录单等。

画面呈现：

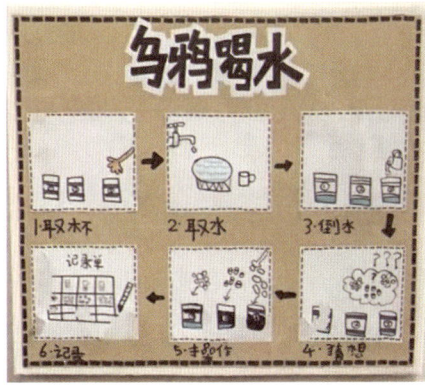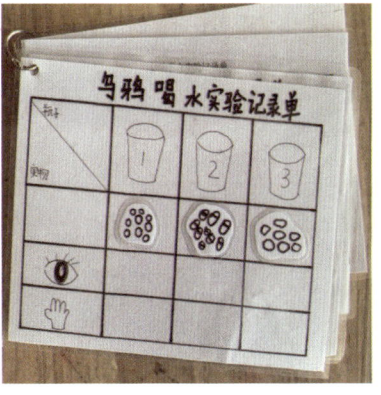

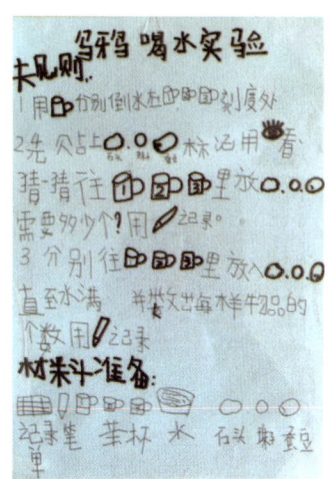

环境解读：

运用流程图与乌鸦喝水的绘本内容、情境相结合，将游戏过程可视化，便于幼儿了解实验的过程，更为直观地进行操作与探究，从而发现游戏蕴含的秘密，乐于参加科学探究活动。

为幼儿提供笔和记录本，鼓励幼儿将自己的猜想与发现及时记录下来，在游戏分享时与同伴分享自己的游戏过程。

经验获得：

1. 能用流程图表现乌鸦喝水的过程。

2. 能在流程图的提示下完成实验。

3. 在探究过程中积极思考，猜想每一步操作过程中可能发生的科学现象。

（设计教师：江苏省如东县群力幼儿园　施玉张）

瓶子吹气球

适用班级：大班

材料准备：瓶子、气球、白醋、小苏打、记录表。

画面呈现：

环境解读：

区域墙完整呈现幼儿的游戏过程。首先以幼儿熟悉并喜爱的气球作为载体，动手操作探索瓶子是如何成功吹气球的；接着用绘画表征自己在探究中的问题与发现，最后还可以用流程图等回想自己的探究过程。

经验获得：

1. 能根据提供的材料动手动脑去探索事物变化的过程。

2. 在探索的过程中能尝试用自己的方式记录发现的问题。

3. 能与同伴一起讨论、探索，并用合适的方式表现、交流、分享探索的过程和结果。

（设计教师：江苏省如东县宾东幼儿园　李音）

有趣的静电

适用班级：大班

材料准备：梳子、纸屑、木棍、记录表等。

画面呈现：

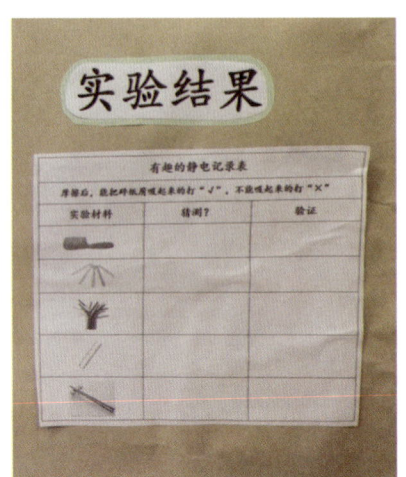

环境解读：

根据流程图提示进行实验，用所选材料在头发上摩擦15～20秒，然后靠近纸屑，看纸屑的运动情况；在记录表上，记录所选材料是否能够产生静电，并猜想哪些材料可以产生静电。

经验获得：

1. 积极参与探究活动，对静电现象感兴趣。

2. 在猜想、验证活动中，能用相应符号记录自己的发现，并能积极表达。

（设计教师：江苏省如东县掘港街道环北幼儿园　金璟　黄映江）

火山爆发

适用班级：大班

材料准备：黏土做的小火山模型、小苏打粉、一个塑料杯、红色颜料、白醋、小勺子、护目眼镜等。

画面呈现：

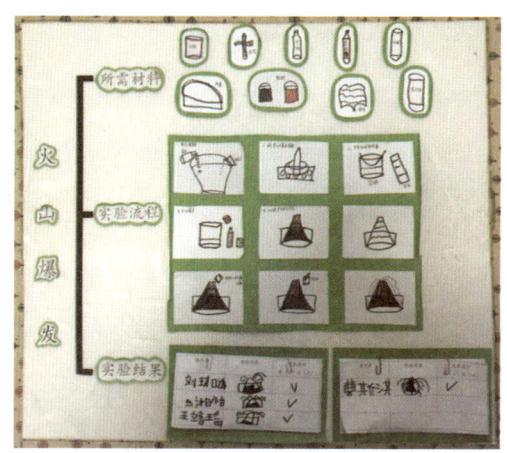

环境解读：

戴上护目眼镜，根据流程图提示进行实验。先放一勺小苏打粉在"火山"底部，再慢慢放入一勺白醋，将粉末搅拌均匀，"火山"就爆发了。观察并记录实验过程。

经验获得：

1. 积极参与探究活动，对火山爆发现象感兴趣。

2. 在教师的指导下完成科学探究的流程图。

3. 能仔细观察，并能用简单的语言表达自己的实验发现。

（设计教师：江苏省如东县河口镇中心幼儿园　任甜　葛银银）

数学区：你最喜欢玩的数学游戏是什么？

数学是思维的体操，数学学习贯穿于幼儿的一日生活，而班级数学区是幼儿学习数学的重要场所。在数学区，幼儿的学习更多以个人或小组的方式进行，他们自主选择操作材料，主动探索发现，并在此过程中不断积累数学经验、发展逻辑思维等多方面的能力。幼儿园可充分利用桌面、墙面、地面、橱柜面等地方，为幼儿数学学习提供丰富的环境和材料，让他们在与环境的互动中学习与思考。

水果排排队

适用班级：小班

材料准备：不同大小的水果操作卡若干。

画面呈现：

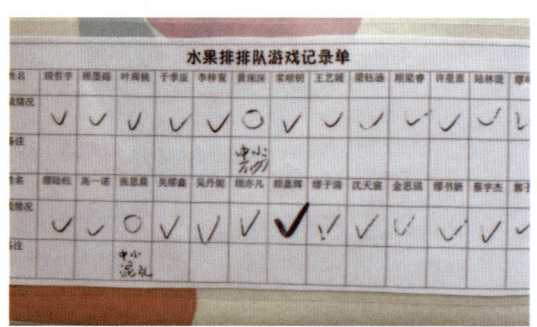

环境解读：

1.0版：教师在第一列的空白卡片上事先贴好水果的规律，孩子们找到规律后继续在后面的空白卡片上完成水果排队。

2.0版：第一列的卡片空出来给孩子们自己摆规律和找规律，A小朋友摆规律，B小朋友找规律，两两合作，共同完成水果排排队。

上面的记录单可以记录孩子们的游戏情况，记录单封塑后可以反复使用。

经验获得：

1. 获得对不同水果大小的感知。

2. 初步体验交替排序的规律和方法。

3. 学会分工合作，共同完成任务单。

（设计教师：江苏省如东县靖海幼儿园　徐洋洋　陆姝颖）

小动物回家

适用班级：小班

准备材料：5 种颜色圆形（红、黄、蓝、绿、粉红）、小动物回家的底板。

画面呈现：

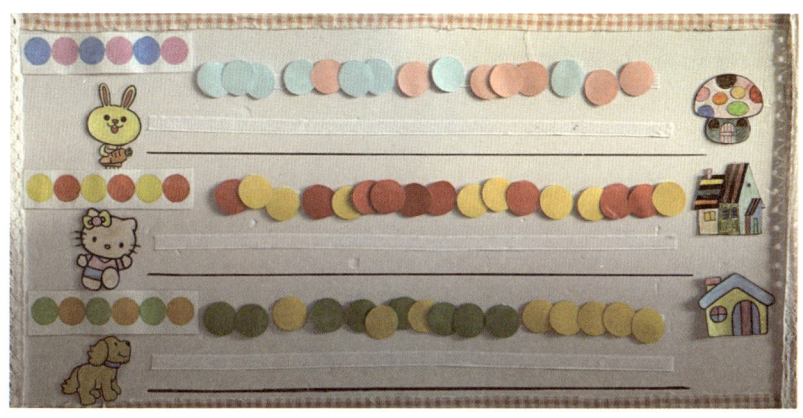

环境解读：

每个小动物上方都有一张任务卡（规律卡），幼儿通过观察任务卡，将圆形卡片按规律进行摆放，直至小动物的家。一段时间后再更换新的任务卡，玩法跟上述一致。

经验获得：

1. 正确感知 5 种颜色。

2. 对规律模式感兴趣。

3. 能按照模式中的规律排序。

（设计教师：江苏省如东县洋口镇洋口幼儿园　丁海霞　缪群梅）

图形排排队

适用班级：小班

材料准备：操作底板、各色不同形状图形若干、图形规律卡。

画面呈现：

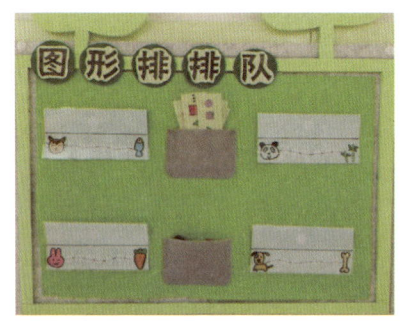

环境解读：

创设小动物找食物的情境。先拿出一个图形规律卡贴在操作底板的上半部分，然后按照规律卡上的图形排列顺序，将图形粘贴在规律卡下方的线条上进行排队。

经验获得：

1. 通过观察物体的颜色、形状，知道图形按一定的模式进行排序，发展自己的逻辑思维能力。

2. 愿意参加数学游戏，体验数学游戏的乐趣。

（设计教师：江苏省如东县锦绣幼儿园　沙亚露　黄雯静）

小鸟找家

适用班级：小班

材料准备：一个大树操作底板、可以粘贴的小鱼若干、1~5 的数字卡片。

画面呈现：

环境解读：

根据树干上的点数卡片，幼儿将相对应的小鸟只数贴在大树上。

经验获得：

1. 知道点数卡上的数字对应几只小鸟。

2. 通过实际操作能够清楚地点数5以内的数。

（设计教师：江苏省如东县锦绣幼儿园　曹书睿　王珠怡）

小猴摘果子

适用班级：小班

材料准备：桔子树、桃子树、苹果树、梨子树、数字卡片若干。

画面呈现：

环境解读：

第一步，从每棵树的上方或下方口袋里抽取一张数字卡片，贴在大树树干上；第二步，看看抽出的数字是多少，然后根据卡片上的数字给果树贴上果子。可以一个人玩，也可以两个小朋友一起玩，每个小朋友两棵树，比一比谁贴得又快又对。

经验获得：

1. 能手口一致点数5以内的数，学习按卡片上的数字匹配相应数量的果子。

2.锻炼观察力和注意力,提高动手操作能力。

(设计教师:江苏省如东县锦绣幼儿园　金淳　张灿灿)

小鸡在哪里

适用班级:小班

材料准备:铁盒子,小鸡、母鸡和大公鸡图片,各种小鸡、母鸡、公鸡与铁盒的方位图片。

画面呈现:

环境解读:

选择一张游戏卡片贴在盒子的下方,根据卡片上的空间方位,孩子们一边摆一摆小鸡的图片,一边说一说小鸡在公鸡和母鸡的哪个方位。

经验获得:

1.积极参与游戏活动,对空间方位感兴趣。

2.能够准确地说出小鸡的空间方位,在动手动脑中加深对上下左右里外的印象。

(设计教师:江苏省如东县锦绣幼儿园　孙丽君　汤靖　施佩蕾)

扭 一 扭

适用班级:中班

材料准备：两个方形底板、以 3 cm×3 cm 的方式粘贴 9 个瓶盖（瓶盖可旋转安装或拆卸）、两套粘有 1~9 数字的瓶盖、按顺序排列的相对应的短棒。

画面呈现：

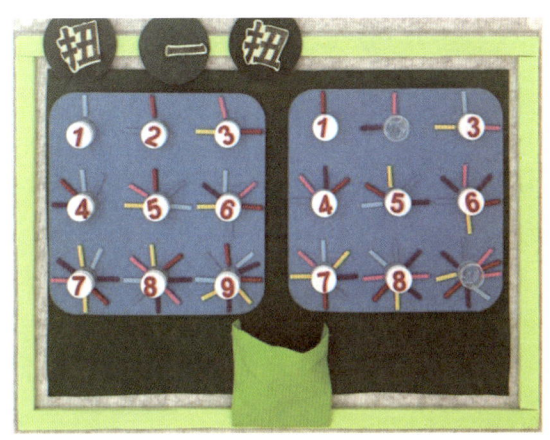

环境解读：

一人游戏：拆卸下来的瓶盖放在下方的小口袋里，幼儿在口袋中随机抽取一个瓶盖，将抽取的数字瓶盖通过旋转、扭一扭的方式拧到相对应数字短棒的瓶口上。

两人游戏：两名幼儿比赛，轮流在小口袋里抽取瓶盖，将瓶盖扭一扭放在自己面前的底板上，比一比瓶盖有没有拧紧、有没有拧在正确的瓶口位置。

经验获得：

1.学会拧瓶盖，将瓶口和盖子相对应按顺时针方向拧紧。

2.能手口一致点数 9 以内的数，并按瓶盖上的数字匹配相对应的瓶口。

3.锻炼幼儿手部肌肉，提高动手操作能力。

（设计教师：江苏省如东县锦绣幼儿园　曹书睿　王珠怡）

动物住高楼

适用班级：中班

材料准备：高楼底板、动物卡片若干、房间号若干。

画面呈现：

环境解读：

1.结合音乐游戏《数高楼》，创设小动物住高楼的数学互动游戏。用不织布制作动物楼房（6行7列），用红数字表示第几层，黄数字表示第几号房间。

2.幼儿随机选取动物房间号（游戏任务卡），并能说出小动物住在哪个房间，如：小牛住在3层楼1号房间（结合生活经验引导幼儿说出房间号）。

3.根据游戏任务卡幼儿送小动物回家，同伴帮忙检查。

4.将动物住高楼的游戏创编至音乐游戏中。

经验获得：

1.乐意用上下、前后、中间等方位词描述位置。

2.能按照房间号信息将动物送回家。

3.积极思考,进一步积累识别空间方位的经验。

（设计教师：如东锦绣幼儿园　缪璐璐　丁丽丽）

排 排 乐

适用班级：中班

材料准备：底板、图形卡、游戏任务单。

画面呈现：

环境解读：

按照游戏任务卡，将任务卡后面的图片按照要求进行排队。如，从大到小排等。排序时要注意将图片排在同一水平线上。

经验获得：

1.通过对相同物体但大小不同的游戏卡片的比较来感知物体的不同属性。

2.能尝试寻找 5 种以上游戏卡片，按照其数量的不同进行排序。

3.乐意参加数学游戏，体验动手动脑完成游戏的乐趣。

（设计教师：江苏省如东锦绣幼儿园　缪璐璐　丁丽丽）

佩奇吃饼干

适用班级：中班

材料准备：图形若干、游戏卡片若干。

画面呈现：

环境解读：

1. 创设佩奇一家吃饼干的互动墙游戏情境，准备好16宫格底盘、难易程度不同的游戏任务卡及不同形状、不同颜色的图形饼干若干。

2. 幼儿随机选取一张游戏任务卡，贴至第一行左侧第一格。按照任务要求，在任务卡后面（即第一行后三格）分别贴上佩奇一家人物角色，任务卡下面（即第一列下方三格）贴上不同形状及不同颜色的饼干图形。

3. 按照任务要求，幼儿在相应位置贴上相应颜色图形的饼干数量，佩奇吃了1片黄色正方形饼干，6片绿色三角形饼干；猪爸爸吃了3片红色圆形的饼干；猪妈妈吃了2片绿色三角形饼干。

经验获得：

1. 初步感知序列中物件的对应关系。

2. 培养比较与分类的能力。

3.提高观察以及思维能力,体验数学游戏的快乐。

(设计教师:江苏省如东县锦绣幼儿园　缪璐璐　丁丽丽)

小火车排排队

适用班级:中班

材料准备:彩色小火车头、任务卡、彩色小火车卡片若干。

画面呈现:

环境解读:

随机选择一张题卡,先观察火车的排列顺序。然后从操作卡中找到一样的火车头,按照题卡上的规律摆放火车车厢。按照同样的方法摆放其他火车,幼儿也可以自己设计车厢排列的模式。

经验获得:

1.学会观察,知道火车车厢排列的模式。

2. 在游戏操作中巩固对颜色的认知与空间的认知。

3. 乐于参与游戏,体验模式的有趣。

（设计教师:江苏省如东县锦绣幼儿园　沈钰　陈玥　陈培培）

小金鱼找家

适用班级:中班

材料准备:两张 25 格操作底板、箭头、颜色规律卡（若干）、可以粘贴的小鱼若干（黄、橙、蓝、绿、红）。

画面呈现:

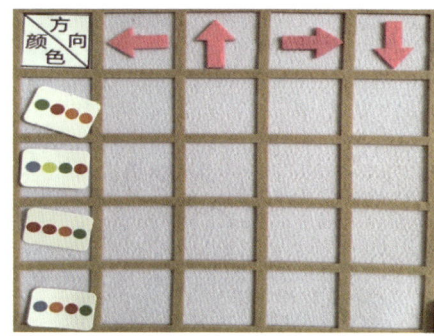
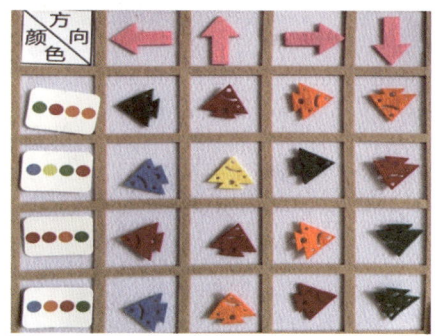

环境解读:

根据任务卡和箭头方向摆放小鱼。先看任务卡上第一个点子是什么颜色,然后找出和它一样颜色的小鱼,接着看上面的第一个箭头是朝哪里的,就将这条小鱼的头朝哪个方向摆放。可以独自游戏,也可以邀请同伴一起游戏。

经验获得：

1. 初步感知空间方位，能根据颜色提示卡正确摆放小鱼。

2. 巩固对颜色、方向的认知能力，发展逻辑思维能力。

3. 和同伴一起游戏，体验数学活动的乐趣。

（设计教师：江苏省如东县锦绣幼儿园　李春波　镇江燕）

转　转　乐

适用班级：中班

材料准备：操作底板、各种图形卡片、各种方位图片。

画面呈现：

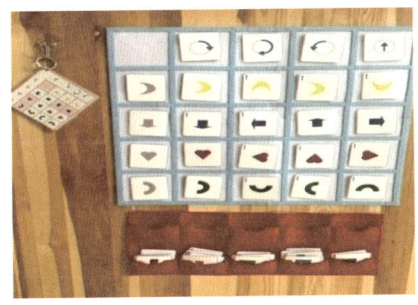

环境解读：

1. 在认识多种图形的基础上，创设图形转转乐的游戏。

2. 用不织布制作25宫格（5行5列），第一行粘贴旋转卡片，第一列粘贴图形。可以根据班级幼儿经验，做成九宫格、十六宫格、二十五宫格等。

3.幼儿仔细观察第一行的旋转卡片,根据顺、逆时针旋转规律,将竖排的图形按照旋转方向依次正确摆放。每个图形顺时针旋转90°,以此类推,根据旋转规律将月亮图形正确摆放。

4.幼儿自由选择任务卡挑战完成后,可以自己核对答案,也可以由同伴检查。

经验获得:

1.探索顺时针、逆时针旋转的秘密,感受物体不同方向的造型美。

2.养成仔细观察、发现问题的能力。

(设计教师:江苏省如东县锦绣幼儿园　李春波　镇江燕)

新车出厂

适用班级:中班

材料准备:蓝橘绿三色小汽车、数字汽车车牌、点子汽车车牌、带有箭头的小动物图卡、水果图卡、蔬菜图卡分别准备12张。

画面呈现:

环境解读：

互动游戏"新车出厂"中，选择三辆颜色鲜艳的小汽车（背面带有磁条），另外有三辆不同类型的小汽车，分别是动物汽车、水果汽车、蔬菜汽车。

第一种玩法：新车排序。

按照出示的任务卡将小汽车进行排序，例如按照蓝橘绿颜色模式排序。

第二种玩法：上车牌号码。

随机将数字车牌贴在汽车车身上，找到对应的点子车牌贴在汽车下面的磁条上，实现点数对应。

第三种玩法：动物坐汽车。

将动物卡片放进动物车厢里。车厢分为上下两层，如果与小兔对应的是向上的箭头和数字1，小兔就排在上层车厢第一个位置；如果与小猪对应的是向下的箭头和数字2，那小猪就排在下层车厢第二个位置。以此类推，将所有的卡片按要求分别排进车厢里。

经验获得：

1. 进行点数的练习，实现点数对应。

2. 能准确描述事物的排列顺序和位置。

3. 能按照操作图卡，对汽车进行按颜色排序。

4. 喜欢动手动脑探究游戏的玩法，体验获得成功的喜悦之情。

（设计教师：江苏省如东县新店镇汤园幼儿园　王迎　秦轶男　沈燕红）

趣玩数字

适用班级：大班

材料准备：操作板、数字卡、情境图卡、魔术贴、水果卡、大于小于等于标志等。

画面呈现：

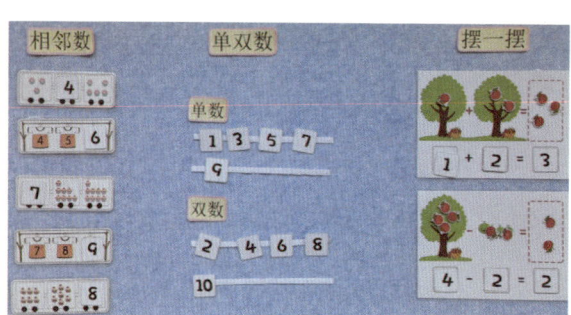

环境解读：

根据班级幼儿不同的发展水平，在互动墙上提供关于相邻数、单双数、比较大小以及数运算等材料，在区域或自由活动时间，幼儿可以选择游戏材料进行操作。

经验获得：

1.知道相邻数以及单双数概念，掌握10以内数的相邻数以及单双数。

2.理解并能说出相邻数间多1或少1的关系。

3.认识">""<""="，理解符号所代表的含义。

4.能通过实物操作或其他方法进行10以内的加减运算。

5.积极与材料互动，体验数学游戏的乐趣。

（设计教师：江苏省如东县锦绣幼儿园　唐乐乐　蒋东村）

趣玩纸牌

适用班级：大班

材料准备：扑克牌、纸板、黄色卡纸、牛皮纸。

画面呈现：

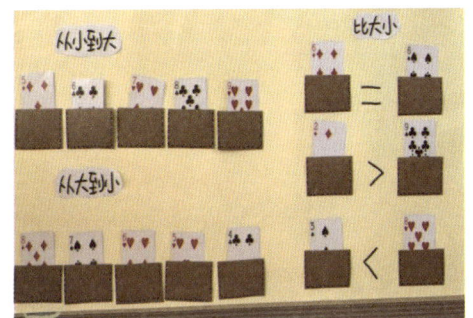 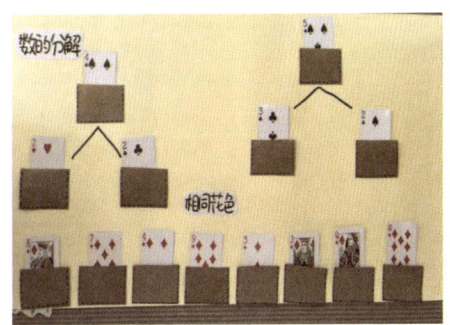

环境解读：

玩法一："数排序列"。按"从小到大""从大到小"不同顺序给纸牌排序。幼儿自己抽选任意纸牌完成游戏，分纸牌花式和颜色。

玩法二："比大小"。一名幼儿根据操作板上数学符号比较大小，更换口袋里的纸牌；两名幼儿互相出牌比较大小。

玩法三："数的分成"。幼儿自由更换第一个口袋中的数字，思考检查后进行数的分成并记录；两名幼儿互相给对方出牌、检查。

经验获得：

1. 尝试纸牌一物多玩，掌握数序排列、量的比较、数的分合等经验。

2. 积极参与游戏，不断提高数学逻辑思维能力。

3. 和同伴合作游戏，能轮流玩或者共同完成挑战任务。

（设计教师：江苏省如东县锦绣幼儿园　刘晓慧　周洲）

快乐的小蝌蚪

适用班级：大班

材料准备：青蛙和蝌蚪的操作底板、数卡、魔术贴。

画面呈现：

玩法一：顺数、倒数

环境解读：

观察右边排序指示牌：按从"大→小"或"小→大"的顺序排序。将带有数字的小蝌蚪，按照顺数或倒数的顺序进行排列。

经验获得：

1. 学习 10 以内数的顺数、倒数，懂得区分数字的大小。

2. 能按不同的顺序排列数字。

玩法二：相邻数

环境解读：

一人游戏：从右边的数字区随意拿出三个相邻的数字，摆放到左边的区域；

两人游戏：一人拿出任一数字，另一人找出这个数的相邻数。

经验获得：

1.巩固了解相邻数的含义，知道"加1"或者"减1"即相邻数。

2.玩一玩"相邻数"游戏，愿意与同伴一起进行数学操作。

玩法三：单数、双数

环境解读：

幼儿从右边的魔术贴上取下数字，分别放在单数和双数的区域；两名幼儿分别参与单双数游戏，然后交换检查。

经验获得：

1.认识汉字"单"和"双"，理解单数、双数的含义。

2.在小蝌蚪找妈妈游戏情境中，练习并巩固按单双数分类。

3.喜欢参与数学操作，体验和同伴合作游戏的快乐。

（设计教师：江苏省如东县锦绣幼儿园　胡菲　周子豪）

分 一 分

适用班级：大班

材料准备：骨头、桃子、胡萝卜等操作卡片，操作板，数字卡，情境图卡，魔术贴等。

画面呈现：

环境解读：

一人游戏：幼儿自主选择 10 以内的数字卡片，从云朵底板中数出相对应数量的物品（骨头、桃子等）卡片，分成两份放在操作卡上的圆盘中，然后贴上相应的数字卡片，完成实物分解游戏。

两人游戏：一名幼儿放上面的数字卡，另一名幼儿进行数的分解；还可以进行比赛游戏，对同一个数进行分解，看谁分得又快又对。

经验获得：

1. 巩固 10 以内数的分成，感知整体与部分的关系。

2. 总结归纳 10 以内数的分解和组成的规律。

3. 了解游戏的规则和玩法，乐意和同伴合作游戏。

（设计教师：江苏省如东县锦绣幼儿园　顾娟　胡菲）

摆一摆、说一说

适用班级：大班

材料准备：卡通小鸟、苹果、糖果等实物操作卡片，操作板，数字卡，情境图卡，魔术贴等。

画面呈现：

环境解读：

一人游戏：幼儿自主选择喜欢的游戏情境进行操作。先在两张图片中摆放实物卡片，数一数摆出的个数。再摆出对应数字卡，利用加减运算记录得数，然后说一说、记一记操作结果。

两人游戏：一名幼儿摆放操作卡片，另一名幼儿看图摆出算式，交流操作情况。

经验获得：

1.尝试看图摆出算式，熟练掌握10以内数的加减法。

2.积极参与游戏操作，巩固理解加减法之间的关系。

3.愿意和同伴一起游戏，体验合作玩游戏的乐趣。

（设计教师：江苏省如东县锦绣幼儿园　顾娟　胡菲）

趣玩瓶盖

适用班级：大班

材料准备：四色瓶盖（红、蓝、黄、绿）、操作图示卡片若干、操作板。

画面呈现1：

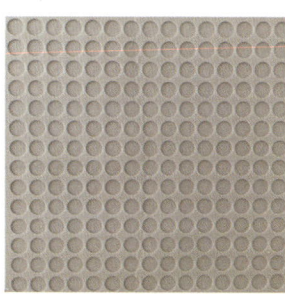

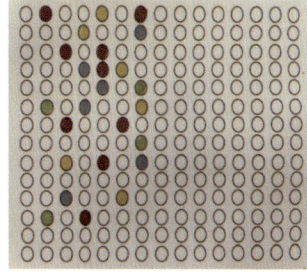
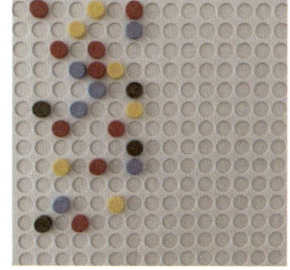
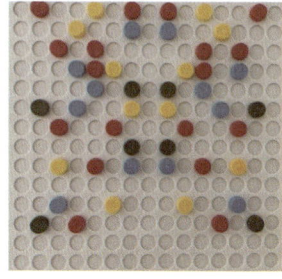

环境解读：

1.0版本

1.根据点的操作示意卡，感知空间方位，用瓶盖在操作板上拼出图形。

2.在操作板的另半边根据空间方位对称摆布，摆出对称的点组成的图案。

画面呈现2：

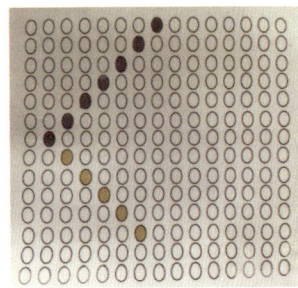  

环境解读：

2.0 版本

1. 根据线的操作示意卡，感知空间方位，用瓶盖在操作板上拼出操作示意卡上的线。

2. 在操作板的另外半边根据空间方位对称摆布，摆出对称的线的图案。

画面呈现 3：

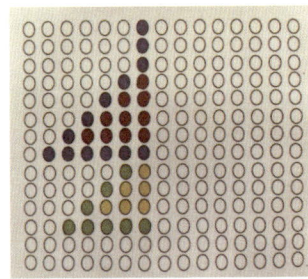  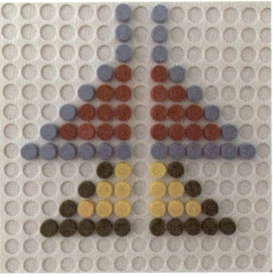

环境解读：

3.0 版本

1. 根据面的操作示意卡，感知空间方位，用瓶盖在操作板上拼出操作示意卡上的面。

2. 在操作板的另外半边根据空间方位对称摆布，摆出对称的面组成的图形。

经验获得：

1. 观察操作卡，摆出相应的瓶盖图案。

2. 积极与材料互动，巩固空间方位，培养对称思维。

3.大胆说出自己的游戏过程，体验数学游戏的乐趣。

（设计教师：江苏省如东县锦绣幼儿园　唐乐乐　蒋东村）

星　连　星

适用班级：大班

材料准备：操作板，各色橡皮筋，图卡。

画面呈现：

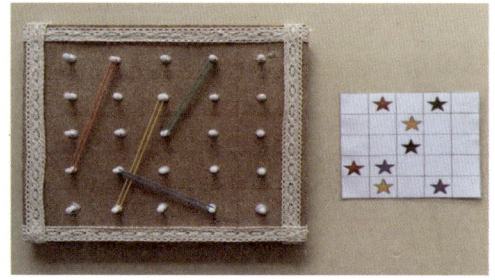

环境解读：

首先要学会看图卡，知道相同颜色的星星在操作板上的什么位置，两个相同颜色星星的排列规律，然后取出相应颜色的橡皮筋，按照任务卡位置开始"同色连星"操作，并逐一进行对照，观察操作是否正确，分别位于第几排第几列。

经验获得：

1.能辨别空间方位，完成游戏任务。

2.感受"星连星"游戏的乐趣，并能自己创设游戏任务。

3. 发展空间方位直觉。

4. 培养细致的观察能力，以及动手操作能力。

（设计教师：江苏省如东县洋口镇洋口幼儿园　杨迎　周梅）

有趣的数独

适合班级：大班

材料准备：数独图，动物图片，数字卡片。

画面呈现：

环境解读：

1. 根据图示摆好图谱，再将剩余数字或者小动物摆进空格内，要求每行每列每个数字或小动物只能出现一次。

2. 熟练掌握数独玩法后，可以自由创编排列方法，并将完成的图谱画下来。

经验获得：

1. 在九宫格的基础上进行游戏，提高空间方位的认知能力。

2. 锻炼观察与思维能力。

3. 提高对数字的敏感性。

4. 能创编不同的十六宫格游戏。

（设计教师：江苏省如东县爱民路幼儿园　戎锦红）

阅读区：你喜欢看什么书？

阅读是学习的重要手段，阅读能力对一个人终身可持续发展有着重要作用。阅读区是幼儿园教育活动和教育环境的组成部分之一，阅读区活动的有效开展对激发阅读兴趣、培养阅读习惯、增进规则意识、促进幼儿语言能力的发展发挥着重要作用。而阅读区环境创设是否适合，能否吸引幼儿主动参与阅读与进行思考极其重要。在师幼创设温馨阅读环境的同时，可采用多种思维导图的形式，让阅读区的规则与要求、绘本内容与结构、幼儿的阅读学习过程可视化，使得幼儿看得懂、有启发，从而愿意投入阅读，积极表达。

五只小鸡

适用班级：小班

材料准备：数量为5以内的小鸡卡片、点子卡片、毛毛虫卡片、玉米卡片若干，草莓、蝴蝶、鳟鱼、蚯蚓、瓢虫卡片各一张；故事情节图片若干。

画面呈现：

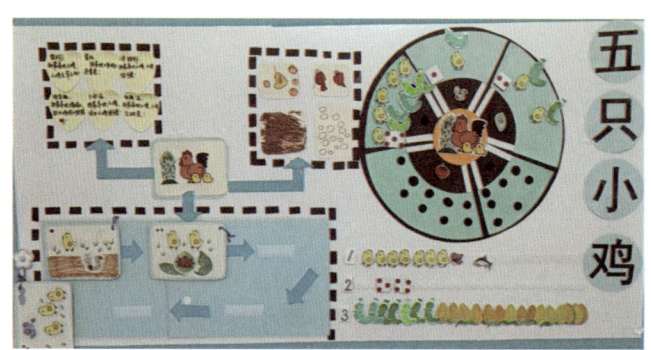

环境解读：

绘本《五只小鸡》主题分成两个版块：一个是探索小鸡的问题，边说边记录幼儿喜欢小鸡的理由，边画边讲述小鸡吃什么，边操作边阅读五只小鸡的故事。另一个版块是幼儿边操作边探索数量关系间的匹配，理解动物与食物一一对应的关系。

游戏玩法一：根据故事情节发生的顺序，用流程图的方式，请幼儿按照故事内容给图片排队，讲一讲五只小鸡的故事。在操作中理解小鸡吃什么以及有哪些生活习惯等问题。

游戏玩法二：根据故事情节与小鸡的数量进行匹配，找出对应的点卡放在合适位置，一只小鸡对应数量是"1"的点子卡片，理解数量之间的匹配关系。

游戏玩法三：探究小鸡吃什么的科学问题，幼儿将动物与食物进行一一对应，如一只小鸡吃一条毛毛虫，以此类推。

经验获得：

1. 在操作中理解动物与大自然的关系，从中获取相关的科学经验。
2. 观察比较母鸡和小鸡的外形特征和生活习性。
3. 养成良好的阅读习惯，对阅读活动感兴趣。
4. 能用画笔记录自己对绘本的理解，并大胆地表达出来。

（设计教师：江苏省如东县群力幼儿园　戴向阳　朱慧慧）

收集东收集西

适用班级：中班

材料准备：桥型图，绘本中有关动物及其他事物的图片。

画面呈现：

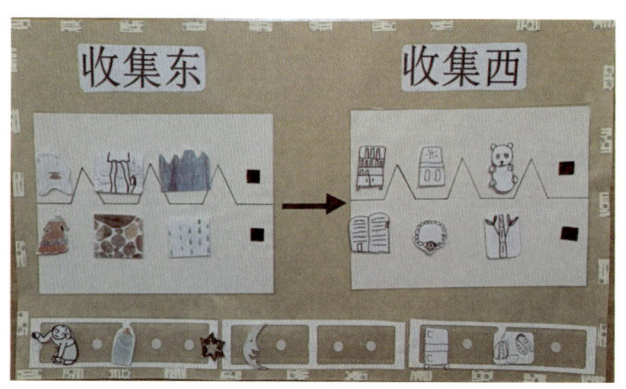

环境解读：

圆圈图：故事中收集者在圆圈中心，幼儿根据提供的故事线索图进行匹配粘贴，并找出白色字母贴上相应的收集物，粘贴在各自收集者圆圈内。

桥型图：故事中所有的收集者和收集品都在下面的白色字母贴上，阅读和自由活动时间，幼儿一边摆放图片，一边用"×××收集××"的句式讲述故事。这是一个讲述的过程，也是幼儿进行分类的过程。知道什么在桥上（收集者），什么在桥下（收集物），上面和下面内容要对应。箭头后的图片是幼儿根据自己的经验，画出新的收集者、收集物，由教师整理后投放。

经验获得：

1. 能边操作边讲述过程，感知故事内容与结构。

2. 能根据标准对物品进行分类。

3. 能用桥型图表达出故事内容。

4. 喜欢阅读，对阅读活动感兴趣。

（设计教师：江苏省如东县群力幼儿园　朱慧慧　戴向阳）

谁咬了我的大饼

适用班级：大班

材料准备：绘本图书、纸、笔。

画面呈现：

环境解读：

孩子们将自己喜欢的绘本故事内容分别用树型图、流程图、气泡图三种图示画出来，如上图，左图《谁咬了我的大饼》，中图《好饿的毛毛虫》，右图《母鸡萝丝去散步》，并轮流讲给小伙伴们听。故事内容可根据需要不定期更换。

经验获得：

1. 理解故事内容，并能用思维导图进行表达。

2. 对阅读活动感兴趣，能在集体面前进行讲述。

3. 能在流程图的提示下完成绘本故事讲述。

（设计教师：江苏省如东县群力幼儿园　顾楠　刘明珠）

文字演变

适用班级：大班

材料准备：纸笔、常见象形文字的资料。

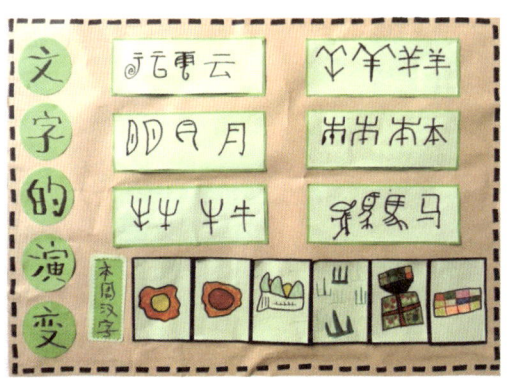

环境解读：

中华文化博大精深，中国的文字代表着许多寓意，孩子们在了解到汉字的起源后，发现古文字和现代汉字的演变。引导幼儿尝试通过图画、象形字、汉字的对应匹配，感受汉字的演变，培养前阅读与前书写的技能。

经验获得：

1. 对祖国的象形文字感兴趣，能积极探索文字的演变。
2. 尝试进行简单汉字和象形字的匹配。
3. 愿意用图画的方式对象形字进行模仿。

（设计教师：江苏省如东县群力幼儿园　顾楠　刘明珠）

绘本漂流

适用班级：大班

材料准备：数字贴、"√""×"标记贴、名字贴、便签贴、班级幼儿名单。

画面呈现：

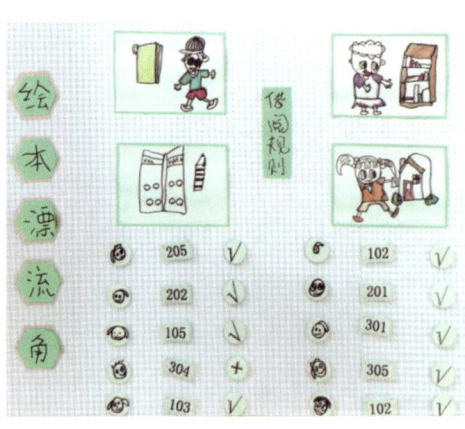

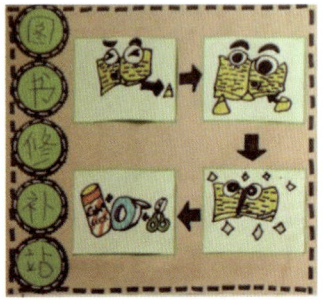

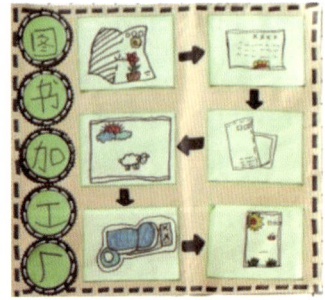

环境解读:

绘本漂流活动采用周漂流形式,每周五轮流由班级两位孩子在阅读区根据自己的兴趣与需要自由借阅。选择绘本后,孩子将自己的头像与所借绘本的编号(根据绘本架的楼层,如绘本架第二层,从左往右第五本,绘本编号即为205),贴至"绘本漂流角"墙面上。完成以上步骤后,便可将借阅绘本带回家中阅读。

借阅回家的绘本先由家长陪伴孩子进行阅读,这样既有利于促进亲子关系,也便于家长及时向老师反馈阅读情况;其次在亲子共读后,孩子及时在班级群内分享自己的绘本讲述视频,每月末由孩子们自己选出"阅读之星"。

孩子每周五带回的绘本,下一个周五早晨前将绘本还回书架相应位置,借阅时间为一周。如一周后已将绘本归还,便在"绘本漂流角"墙面贴上"√"标记;未归还的则贴上"×"标记,并尽快归还。

经验获得：

1.通过漂流活动，养成爱阅读的好习惯，并懂得爱护书本。

2.能与同伴分享，在交流分享的活动中，提高表达和表现能力。

3.懂得节俭，具有初步的环保意识。

（设计教师：江苏省如东县群力幼儿园　顾楠　刘明珠）

故事预约分享

适用班级：大班

材料准备：幼儿自绘漂流规则，故事预约表格（封塑），故事分享记录表。

画面呈现：

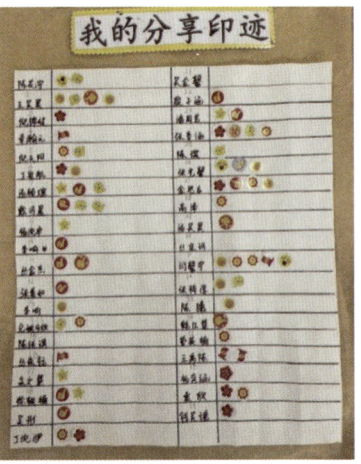

环境解读：

为解决读书漂流活动中存在的书袋脏、书破损以及不能及时归还等问题，组织幼儿讨论交流，引导幼儿绘制漂流规则并共同遵守，保证漂流活动正常进行。每周五下午，想要分享漂流故事的孩子可以进行预约，将自己的学号写在相应格子里即可。每天都有1~2个孩子分享漂流故事，分享之后贴一朵小花在自己的名字后面，这样就可以清楚地看出每位孩子的分享情况，便于统计阅读分享情况。幼儿分享故事时教师会用视频的方式记录下来,并分享给家长,加强家园联系,促进家园共育。

经验获得:

1. 激发阅读的兴趣,培养良好的阅读习惯。

2. 体验分享的快乐,发展语言能力,增强自信。

3. 培养规则意识,自觉遵守漂流规则,养成爱护书本的好习惯。

（设计教师:江苏省如东县双甸镇双南幼儿园　佘应雅　顾小红）

汉字找朋友

适用班级:大班

材料准备:磁性板、汉字、象形字等。

画面呈现:

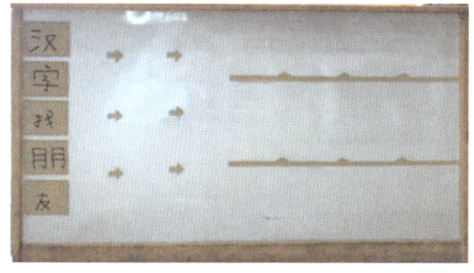

环境解读:

运用图示帮助幼儿了解"三个一"的阅读与书写要求,即一寸、一拳、一尺,以及阅读时还需要注意的其他事项。玩具橱背面安装磁性板子,幼儿可利用桥型图匹配汉字和象形文字。

经验获得：

1. 了解"三个一"，知道正确的书写姿势。

2. 能将汉字和相应的象形文字对应，对汉字感兴趣。

（设计教师：江苏省如东县群力幼儿园　王晓丹）

建构区：今天你想搭建什么？

建构区是幼儿喜爱的区域，他们能按照计划进行设计，选择合适的材料进行建构，从而不断积累平铺、垒高、围合、镶嵌等建构经验。在建构区，幼儿不仅能熟悉各种建构材料的特性，积累空间等方面的知识，理解整体与部分之间的关系，还能增强对数量和图形的认识，培养专注、坚持、协作、互助等良好的学习品质和行为品质。当一个新的建构主题出现时，教师可以和幼儿一起探索建构的步骤，并用思维导图予以呈现，从而帮助幼儿更好地建构与表达。

周边的楼房

适用班级：中班

材料准备：白纸、勾线笔、桥型图、树状图。

画面呈现：

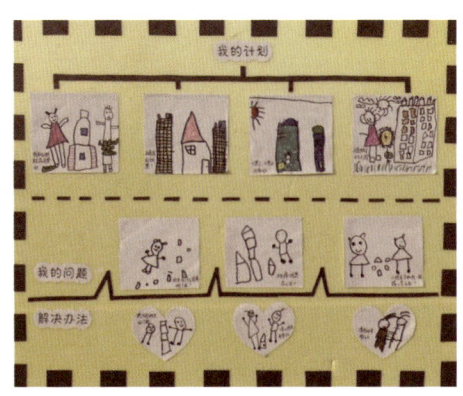

环境解读：

用树状图呈现孩子们对周边楼房的建构计划，目标清晰明确。而在搭建中"我的问题以及解决办法"版块运用了桥形图，方便幼儿类比，帮助他们建立两者之间的关联，获得成功解决问题的愉悦感。上下两个版块的内容里，孩子们可以不断调整自己的计划等内容。

经验获得：

1. 能结合周边资源，通过观察、计划、分工合作完成搭建。

2. 主动发现问题，能坚持寻求各种解决办法。

3. 乐于建构，体验建构的成功感，树立自信心，增强自豪感。

（设计教师：江苏省如东县河口镇中心幼儿园　陆冕冕　蔡群芳）

我心目中的天安门

适用班级：大班

材料准备：幼儿绘画的建筑图。

画面呈现：

环境解读：

在9月份"我爱祖国"主题活动中，幼儿对"天安门"这一话题特别感兴趣。通过专题谈话以及观察天安门的图片、模型或视频等活动，引发搭建主题"我心目中的天安门"。面对幼儿搭建过程中出现的问题和困惑,组织幼儿共同讨论、交流与分享,在游戏评价、回顾与反思的过程中鼓励幼儿把怎样搭建"天安门"的过程画下来,从而形成清晰、有序的建构思维导图,生动形象地呈现出天安门城台、城楼的分步建构思路以及相关建构技能的组合运用,给幼儿提供了梳理分享建构步骤、尝试建构方法的机会。

经验获得:

1. 能通过分工、合作完成天安门城楼的搭建工作。

2. 愿意搭建,具备独立建造和搭建技巧,会使用辅助材料。

3. 对祖国的建筑感兴趣,激发热爱祖国的情感。

(设计教师:江苏省如东县机关幼儿园　张鹏程)

趣味迷宫

适用班级:大班

材料准备:幼儿建构图、积木类型图、幼儿设计图等。

环境呈现:

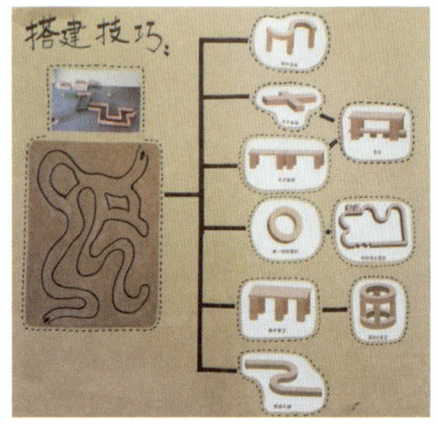

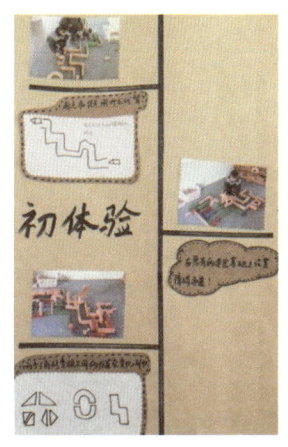
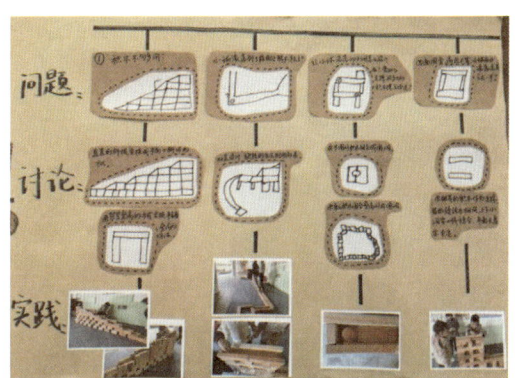

环境解读：

图一，运用气泡图呈现孩子们的大胆设想，孩子们自己尝试设计各种类型的迷宫图纸。

图二，运用直观的图示，归纳整理出搭建迷宫需要用到的积木类型和建构技巧。孩子们用括号图将积木的种类和搭建技巧归纳分享，为同伴的搭建梳理经验，提供解决问题的思路和方向。

图三，呈现迷宫游戏"小球的运动"的探索过程。为了让小球在迷宫里能够自由滚动，幼儿尝试搭建斜坡轨道、直轨道、可以拐弯的轨道、"回"字形轨道，以便小球顺利从轨道的最上面滚到终点。

图四，运用桥型图罗列幼儿搭建过程中遇到的问题，再通过流程图，将他们思考问题的过程、讨论的结果以及解决问题的方法通过照片、图示、讲解等形式一一呈现。

经验获得：

1. 能用延长、垒高、平铺、围合、连接等技能搭建迷宫。

2. 丰富对"洞洞"的认知，积极探究斜坡的坡度与轨道方向对小球运动产生的影响。

3. 理解"洞洞"不一定是圆的也可以是方形的、椭圆形的，只要能让小球通过的都可以称为"洞洞"。

4.促进积极主动、认真专注、互相帮助等学习品质的养成,遇到困难能和同伴一起解决问题,享受成功的喜悦。

(设计教师:江苏省如东县县级机关幼儿园　周晓丽　钱蓉)

新年小屋

适用班级:大班

材料准备:薯片罐、奶粉罐、清水积木、笔、纸。

画面呈现:

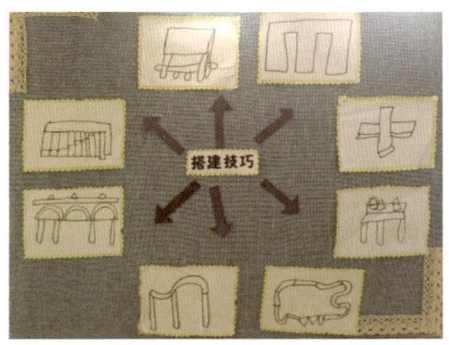

环境解读:

在第一板块中加入"我的计划"这一环节,第二板块运用气泡图帮助幼儿清晰了解可以挑战的建构搭建技巧,第三板块用桥状图表现幼儿遇到的问题和解决的办法。将优秀的搭建作品展示在第四板块上,供其他幼儿学习参考。

经验获得：

1. 能和同伴一起商讨制定自己的建构计划，合作完成搭建任务。

2. 用多种建构技巧表现搭建作品，会加入多种辅助材料。

3. 认真整理积木，养成整理的习惯。

4. 在搭建过程中，获得自信心，有成功的喜悦感。

（设计教师：江苏省如东县大豫镇丁店幼儿园　杨晓楠　陈勤慧）

棋类区：你会玩什么棋？

棋类游戏是中大班幼儿非常喜欢的游戏，它不仅有助于启发幼儿智力，促进逻辑思维能力的发展，养成规则意识、合作与竞争的意识，还能培养幼儿良好的品质，以及正确看待输赢、勇于面对挫折的良好心理素质，是促进幼儿思维品质发展以及社会性发展的有效途径之一。思维导图可将棋类区的各项规则可视化，让幼儿在图示的提示下，了解下棋的步骤与要求，从而真正让环境成为支持幼儿游戏的有效载体。

三连通

适用班级：中班

材料准备：田字格棋盘、两种不同颜色的棋子各三个。

画面呈现：

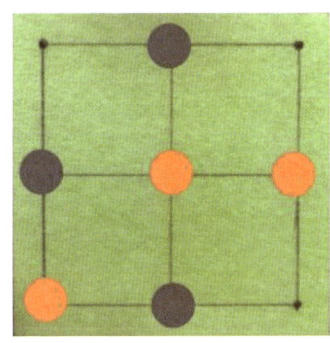

环境解读：

1.两名幼儿用"石头、剪刀、布"决定谁先下棋。

2.幼儿轮流下棋，将三颗棋子任意摆放在棋盘上，接着，上下左右直线移动棋子，每轮只能移动一次。

3.三颗棋子横着或竖着连成一线，即可获胜。

经验获得：

1.初步感知空间方位，能使用上下、前后、里外、中间、旁边等方位词描述物体的位置和运动方向。

2.了解并遵守游戏规则，体验共同游戏的快乐。

（设计教师：江苏省如东县经济开发区中心幼儿园　马旭纯）

五子棋（一）

适用班级：大班

材料准备：毛毡板、黑白两色圆形魔术贴、可擦拭白板纸。

画面呈现：

图一

图二

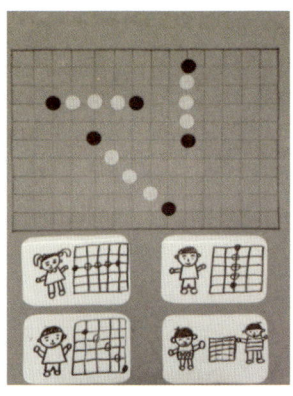

图三

环境解读：

五子棋区域墙分为上下两个部分，第一部分为棋盘，第二部分为记录框。

图一：幼儿选取圆形魔术贴作为棋子，在棋盘上尝试让棋子横向或纵向五个

连成一线。图二：幼儿按顺序将五个棋子斜向连接成线；每次五子连线后幼儿将自己下棋的方法记录下来，并进行判断。图三：在幼儿熟练掌握棋子横向、纵向和斜向五个连成一线即为获胜的游戏规则之后，为了加深游戏难度，老师和幼儿分别执白子和黑子，老师先在棋谱上斜、竖、横摆放三颗白棋，幼儿在白子后面用黑子拦截，防止白子五子成线，幼儿挑战老师以及高水平同伴的过程是幼儿游戏进阶的过程。待幼儿完成操作后，将对弈的过程在记录框里进行呈现。通过创设交互式的五子棋互动墙面，帮助幼儿掌握五子棋的玩法。

经验获得：

1. 知道五子棋，初步了解五子棋的基本规则。

2. 认真观察，能对上下左右等空间方位进行正确的感知。

3. 主动参与棋类游戏，体验下棋的快乐及成功的喜悦。

（设计教师：江苏省如东县新店镇幼儿园　赵萍萍　李易）

五子棋（二）

适用班级：大班

材料准备：毛毡板、黑白两色圆形魔术贴、可擦拭白板纸。

画面呈现：

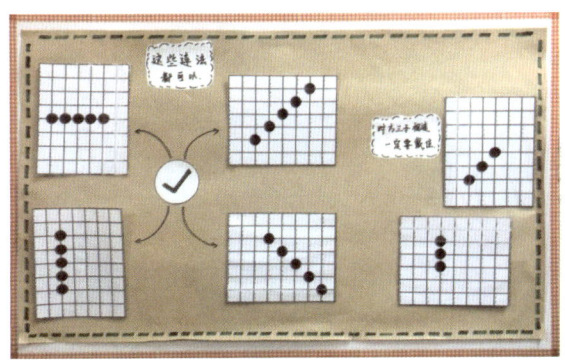

环境解读：

设置可视化环境是为了帮助幼儿了解五子棋的玩法，并掌握一些下五子棋的小技巧。左半部分利用气泡图的形式，告诉幼儿五子棋的基本游戏规则：横、竖或者斜方向出现5个同色棋子连在一起就能获得胜利。右半部分提示五子棋下棋过程中的获胜小技巧，提醒幼儿三子连成线时，若不及时堵住，便会有可能失败。图示辅助让幼儿直观看到游戏规则与技巧，帮助他们快速地理解和记忆，并运用于实践。

经验获得：

1. 对五子棋感兴趣，了解下棋规则。

2. 愿意和同伴一起玩下棋游戏，游戏时专注，并能遵守规则。

3. 能认真观察，对上下左右等空间方位进行正确的感知。

（设计教师：江苏省如东县群力幼儿园　曹琳娟　金彧轩）

课　程　墙

课程开展的过程，就是班级主题墙不断丰富的过程。在课程开展过程中，鼓励幼儿一开始以图画、符号为主来表征事物和事件，然后逐步引导他们过渡到以简单的文字、线索为主来记录自己整体的思考过程，从而促使教师追随幼儿的问题与困惑，兴趣与需要引发更为深度的学习。课程墙是动态的、不断丰富与变化的，课程墙不仅仅是课程结果的呈现，更是儿童过程性学习的有效载体。

小班入园课程：午安宝贝

课程来源：针对刚入园的小班幼儿还没有养成良好午睡习惯这一问题，组织班级开展"午安宝贝"的课程，通过活动，引导幼儿在幼儿园愉快地午睡，养成主动、安静入睡的良好习惯。

课程环境：

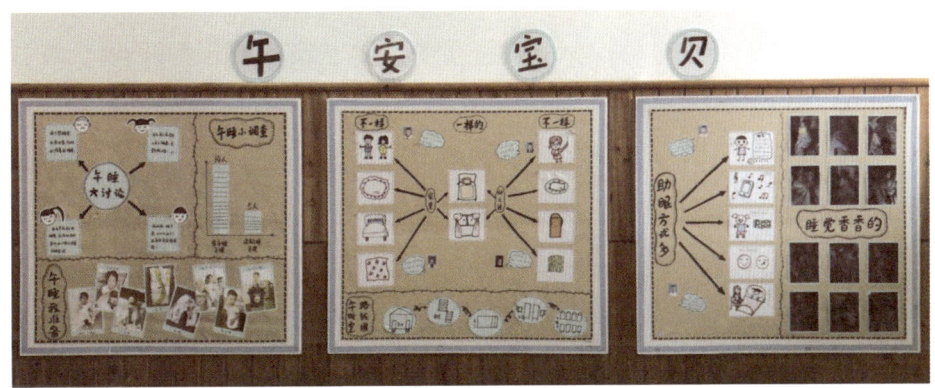

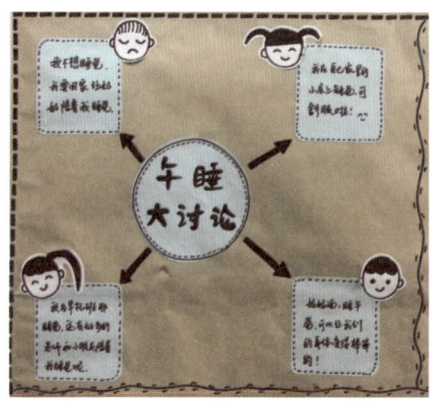
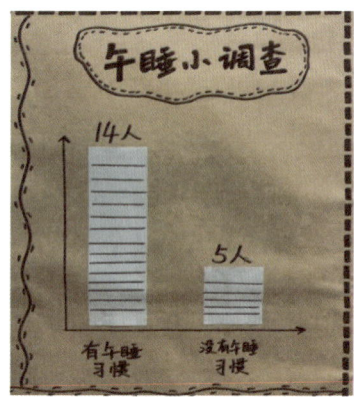
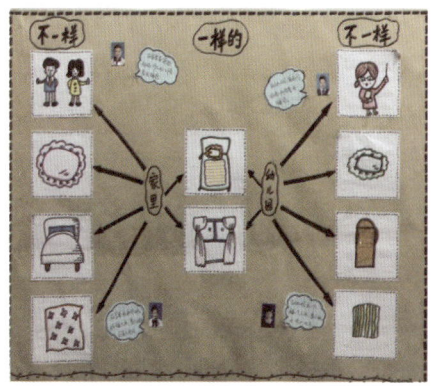
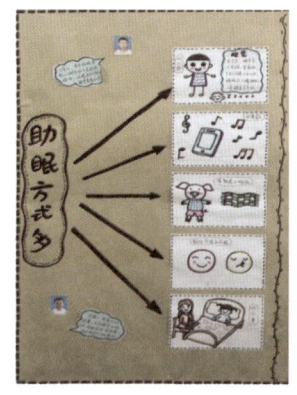

环境解读：

午睡大讨论运用了气泡图，让孩子能通过图示了解坚持午睡对身体健康的好处。运用坐标图，汇总关于是否有午睡习惯的调查结果。采用双气泡图的方式，展示在家午睡和在幼儿园午睡的相同和不同之处，引导幼儿做到在园在家一个样，都要养成午睡好习惯。助眠方式有很多，梳理孩子喜欢的午睡方式，帮助他们尽快安静入睡。

经验获得：

1.养成良好的午睡习惯，知道午睡有多种好处。

2.能在教师的引导下比较在家午睡和在幼儿园午睡的异同。

3.愿意天天来上幼儿园，喜爱幼儿园。

（设计教师：江苏省如东县掘港街道群力幼儿园　吴明娟）

中班社会课程：我的爸爸

课程来源：著名心理学家格尔迪说："父亲的出现是一种独特的存在，对培养孩子有一种特别的力量。"可见父亲是孩子人生中重要的榜样。然而从班级群的互动信息看出，目前很多爸爸因为工作太忙碌，和孩子相处的时间少，甚至和孩子分隔两地，没有办法陪伴孩子。渐渐地，孩子和爸爸之间产生了隔阂，不像和妈妈、奶奶在一起亲密无间。父亲节将至，借此机会，班级开展主题课程引导幼儿关注爸爸，理解爸爸对自己的爱，同时向爸爸们渗透要多花一些时间陪伴孩子的意识。

课程环境：

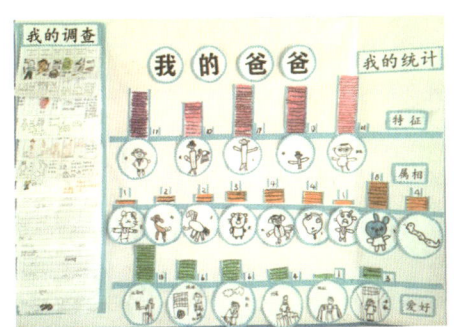
图一

图二

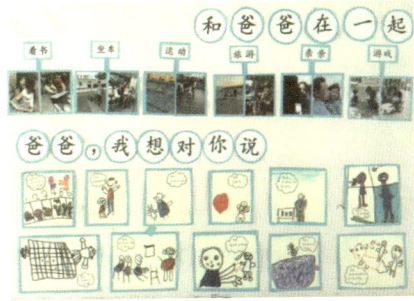
图三

环境解读：

发放亲子调查表，从爸爸的特征、属相、爱好、本领、和爸爸在一起的快乐时光以及想对爸爸说的话等维度进行调查。图一、图二、图三是对调查表内容进行分类汇总，再以不同的形式呈现。

图一先从调查表中统计爸爸的特征，有胖、瘦、高、矮和是否戴眼镜5个方面，发现班级幼儿爸爸的属相有9种，幼儿表征内容，再以不同颜色柱状图的形式呈现，结果一目了然。图二以气泡图的方式呈现"爸爸的本领"，每个幼儿都参与表征，进而在与课程墙互动时有主人翁感，自豪地向同伴介绍自己爸爸会的本领。中班幼儿不会写字不会认字，想对爸爸说的话如何呈现呢？图三一幅幅画中藏着幼儿对爸爸暖暖的爱。

经验获得：

1. 理解爸爸工作的辛苦，懂得关心、尊重爸爸。
2. 了解爸爸的外形特征与职业，对爸爸产生敬爱、自豪之情。
3. 体验与爸爸游戏的快乐。
4. 从与爸爸相处中感受到家庭的温情，体验一家人在一起的快乐。

（设计教师：江苏省如东县宾东幼儿园　陈旭）

中班生活课程："藕"遇

课程来源：在一次午餐中，孩子们对炒藕片很感兴趣。追随孩子们的兴趣，我们开启了关于藕的探究，旨在引发幼儿进一步了解"藕"的特征，并从藕的探究拓展到生活中常见蔬菜的探究，发现蔬菜也能玩游戏，知道蔬菜的各种吃法，养成不挑食的好习惯。

课程环境：

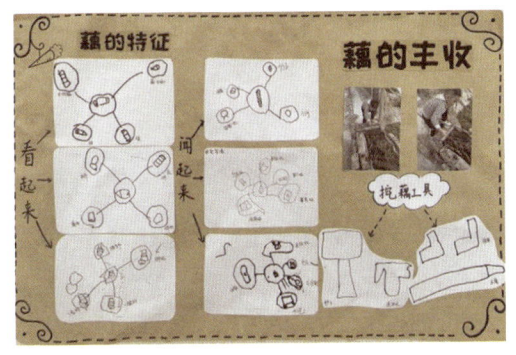

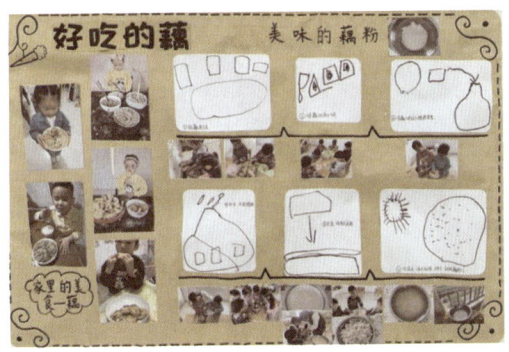

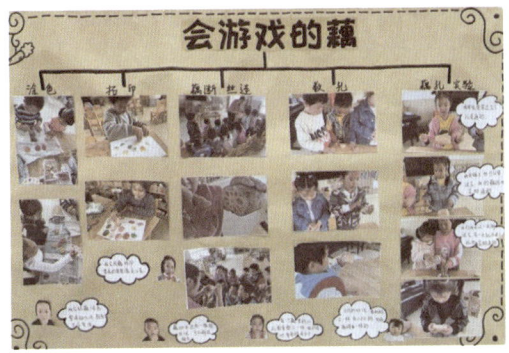

环境解读:

藕的探索之旅从寻藕、认识藕家族、了解藕的特征、挖藕、制作藕粉、好玩的藕、藕的实验等展开系列活动,在观察、探索、解密的过程中,孩子们亲身体验、实际操作、直接感知,建立、积累了关于藕的多种经验。气泡图的运用,呈现出藕的不同特征;流程图的使用,让孩子们能够清楚地了解制作藕粉的方法及过程，括号图的运用呈现了幼儿与藕的每一个游戏、每一个科学小试验。

经验获得：

1.通过观察、比较、操作、实验等方法，了解关于藕的科学小知识：如藕是一节一节连起来的，一般分为七孔藕和九孔藕，七孔藕含淀粉量高，水分偏少，九孔藕则相反。植物的生长离不开空气，这些小孔就是空气的通道，通过荷叶的茎把空气输送到淤泥里。

2.在观察和操作中习得发现问题、分析问题和解决问题的方法，不断积累经验。

3.师幼共同尝试制作藕粉，在劳动中感知食物来之不易，懂得珍惜劳动成果。

（设计教师：江苏省如东县丰利镇凌河幼儿园　宋李娟　裴佳羽）

中班生活课程：我和小床的故事

课程来源：开学了，升入中班的孩子对教室的一切都是那么新鲜与好奇。他们在中班的床前议论纷纷，变化的环境引发幼儿的兴趣，我们顺势而为，开启小床的故事。

课程环境：

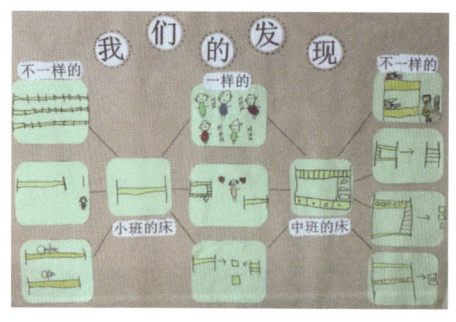

图一

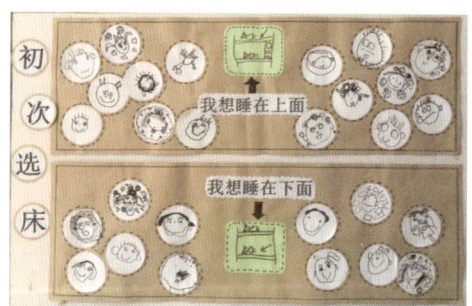

图二

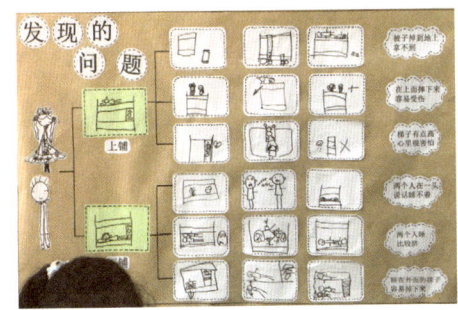 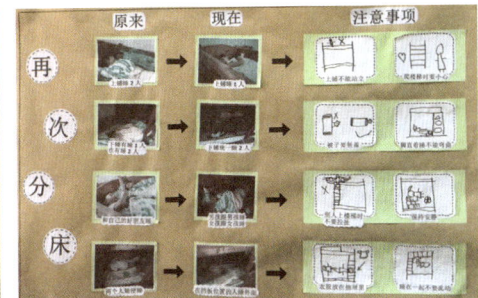

图三　　　　　　　　　　　图四

环境解读：

图一：幼儿根据观察，发现中班小床和小班小床的区别。中班的双人床下面有抽屉、有楼梯、有挡板等，也发现中班床比小班的床高、大，可二人睡。讨论完后，组织幼儿进行了表征，并用双气泡图的形式进行了梳理呈现。

图二：教师充分尊重幼儿分床的意见，让幼儿绘自画像，并自主粘贴在上铺或下铺相应位置。

图三、四：在体验新床的过程中，孩子们发现了一些问题。比如：上铺两个人睡太拥挤，上下小床有点危险，两个人睡比较吵闹等。根据这些问题，教师拍了照片，在谈话活动中与孩子们一起观看并探讨。在探讨中，孩子们决定再次修订分床方案，并用绘画方式表征出来。

经验获得：

1. 能发现生活中的问题，大胆表达，并尝试解决。

2. 能敏锐地发现小班和中班床的异同，寻找适应变化的方法。

3. 睡姿正确，养成良好的午睡和生活习惯。

4. 遵守规则，提高自我管理能力。

（设计教师：江苏省如东县掘港街道群力幼儿园　冯琳　季小艺）

中班科学课程：遗失的羽毛

课程来源：散步时，许多小朋友在操场捡到了羽毛。户外活动时，孩子们在滑滑梯、"金字塔"游戏区等地也发现了羽毛。"怎么会有这么多羽毛？羽毛是谁的？我们可以把羽毛带走吗？带回去做什么？羽毛干净吗？……"这些问题引起了孩子们的讨论。于是，我们抓住孩子的兴趣点，生成了此课程。

课程环境：

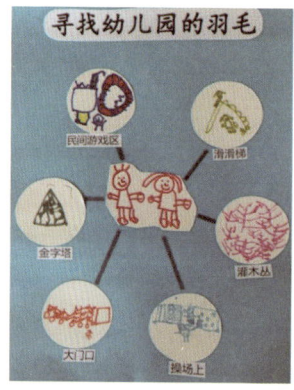
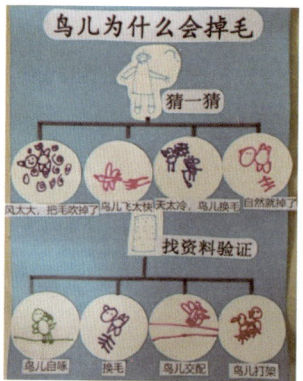
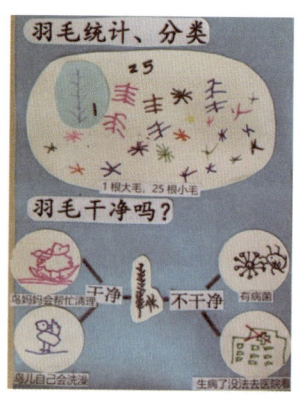
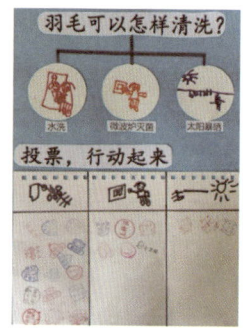
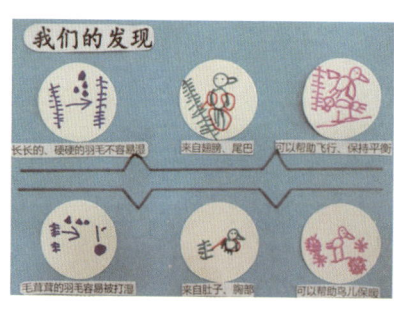

环境解读：

"寻找幼儿园的羽毛"采用气泡图，记录了孩子们在幼儿园的哪些地方发现羽毛；"鸟儿为什么会掉毛"采用树状图，梳理了孩子们的猜想与查找的资料;"羽毛统计、分类"采用大小圆表示"1"和"许多",整体和部分的关系;"羽毛干净吗"采用双气泡图,表达孩子对羽毛的认识;"羽毛可以怎样清洗"采用树状图概括了孩子们的三种想法;"我们的发现"将长长的、硬硬的羽毛和毛茸茸的羽毛进行对比;"羽毛作品"用流程图记录孩子们制作羽毛作品的过程。

经验获得:

1. 了解鸟儿的生活习性,知道鸟儿换毛原因以及羽毛的作用。
2. 积极参与探究活动,能对收集来的羽毛进行分类及统计。
3. 利用羽毛进行手工制作,发挥创造力与想象力。

(设计教师:江苏省如东县洋口镇洋口幼儿园　钱向宇　林玉雯)

中班运动课程:有氧运动哑铃操

课程来源:新学期,新气象,孩子们开心地升入中班啦!他们叽叽喳喳地讨论着身边的一切。这时,子谦问道:"杨老师,我们今天做操吗?""还是篮球操吗?""可以做原来中班姐姐哥哥们的哑铃操吗?"于是,追随幼儿话题,我们开启了早操课程之旅。

课程环境:

 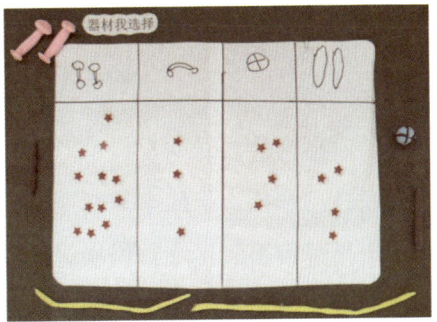

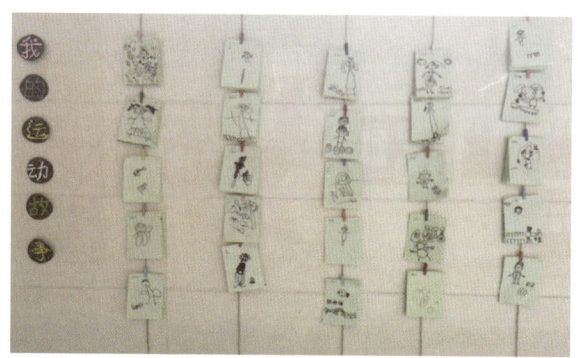

环境解读：

孩子们喜欢什么样的早操呢？组织他们将自己喜欢的早操画出来，同时也让他们自己选择"早操里需要用到的器材"并进行投票。由于孩子们经常看到中班哥哥姐姐们用哑铃做操，所以当他们升入中班后哑铃自然就成为了他们的最爱。哑铃操的动作、做操时的心情以及做操时遇到的问题等等，孩子们用气泡图、树状图等方式予以呈现，从而发挥导图助力幼儿早操学习的作用。最后，孩子们将自己的运动故事制作成小书，记录下自己运动过程中发生的趣事儿!

经验获得:

1. 通过走平衡木、踩铃片等游戏环节锻炼平衡能力。

2. 通过绕跑、双脚跳、跨跳、纵跳摸高等游戏环节发展动作协调性和灵活性。

3. 喜欢参加体育活动,感受体育游戏带来的乐趣。

4. 在写写画画记录运动的过程中提升表征能力。

5. 在大胆参与游戏的过程中,逐步养成勇于克服困难的良好品质。

(设计教师:江苏省如东县新店镇幼儿园　杨晔)

大班科学课程:电影诞生记

课程来源:小班的时候,孩子们在玩影子游戏时发现影子会移动,会变形,会消失。中班的时候,孩子们操作皮影人表演,发现手电筒随着光源的转换会出现各种各样的画面。进入大班,每个孩子基本都有观影的生活经验,随着孩子兴趣的逐渐提升,部分孩子产生一个奇思妙想:要是自己能做电影、放电影就好了,想看什么就放什么。科学课程"电影诞生记"以及与之相对应的主题墙应运而生了。

课程环境:

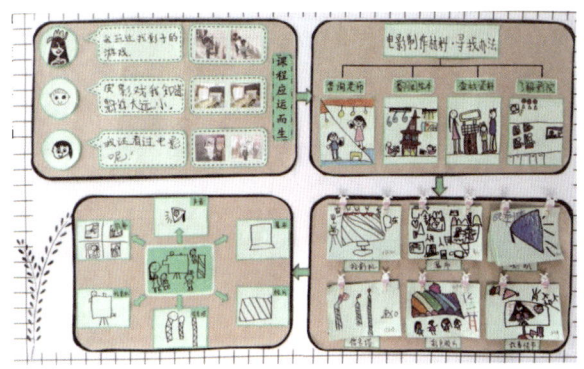

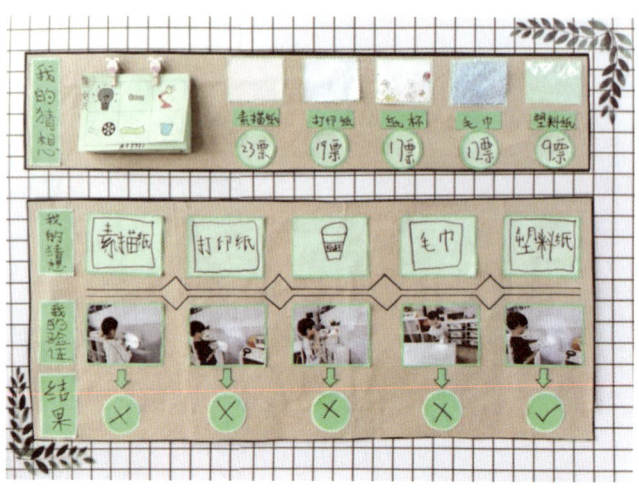
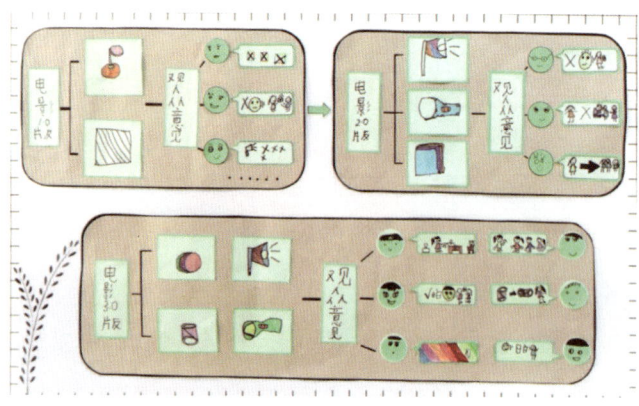
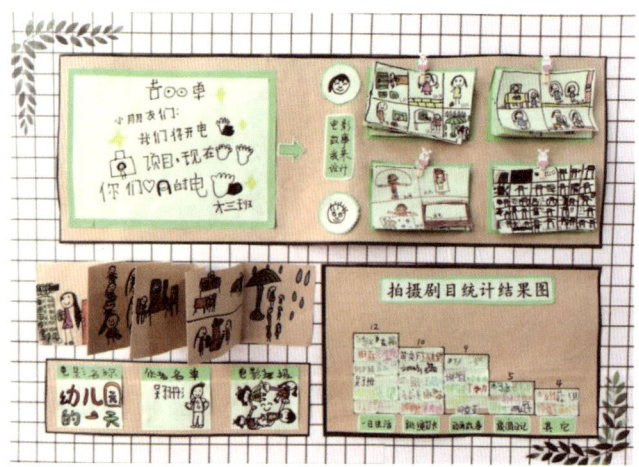

环境解读：

"电影诞生记"课程用对话框的方式，简单明了地进行表征。寻找电影制作材料的方法用树状图表现，和孩子一起将寻找的方法进行分类统计。拍摄电影的统计结果用气泡图形式呈现，气泡图的作用在于帮助孩子扩展认知、学会表达。括号图用来表示电影制作和观众意见之间的关系，由一个大括号和一个小括号组成，在大括号里画上各版本电影，之后孩子绘画每个版本电影观众意见细节，括号图帮助孩子理解两者之间的关系。

经验获得：

1. 在探究、比较中增进了对电影相关知识的了解。
2. 在相互交流中提升语言表达能力和水平。
3. 在多维表征中，锻炼用符号表征的能力，培养思维品质。

（设计教师：江苏省如东县群力幼儿园　刘明珠　顾楠）

大班生命课程：与小黄相伴的日子

课程来源：升入大班后，班级幼儿特别想念之前一直饲养的小鸭子（小鸭子被转学的茜茜小朋友带走了），孩子们决定网购一只。就这样，小黄鸭来到了班级里。孩子们与小黄鸭一年共处相伴的生活中发生了许多有趣的事情，可视化环境呈现了孩子们与小黄鸭一起经历的故事。

课程环境：

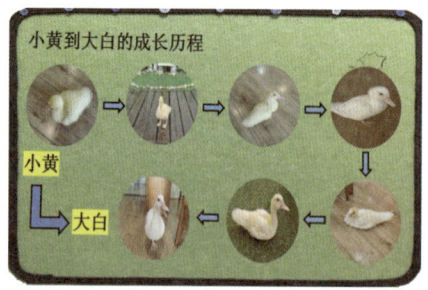

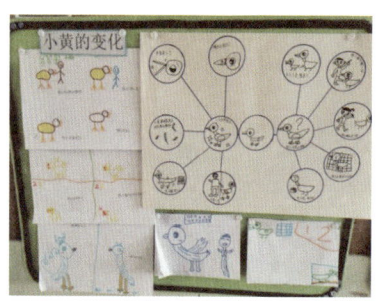

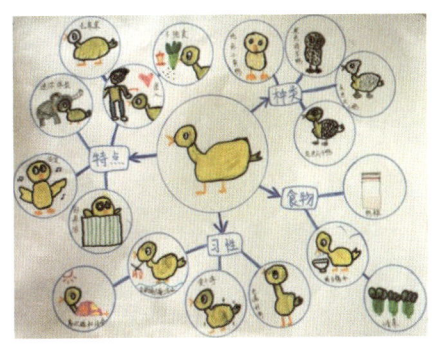 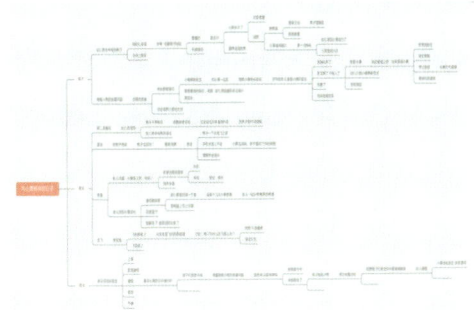

环境解读：

大班生命课程"与小黄相伴的日子"历时一年，师生改变圈养小动物的方式，进行散养鸭子的大胆尝试。在幼儿园里，小黄鸭如同一名有学籍的孩子，可以自由进出任何场域，与班级师生同吃住、共生活。在自然状态下，幼儿观察小黄鸭的外形变化、生活习性、情绪状态，带领小黄鸭去游泳、去觅食、玩游戏，帮助小黄鸭清理便便、洗澡理毛、准备冬粮，为小黄鸭生的蛋画标记、记日期、做实验……在整整一年的自由放养、与小黄鸭相知相伴的日子里，大家一起面对困难，一次次化解问题，谱写出一连串的故事。家长师生围着小黄鸭"团团转"，小黄鸭从"班宝"变成"团宠""园宝"，还成了抖音平台上的"明星"。孩子们通过照顾小黄鸭，播下与小动物和谐相处、尊重生命的种子。

课程墙运用气泡图、流程图，呈现了幼儿照料小鸭、观察变化、记录表征、梳理经验的过程，为幼儿提供了自由、自主、愉悦、创造的学习与游戏环境，让幼儿的学习过程与探究轨迹一目了然。幼儿在与鸭子多次近距离的接触中，发现了鸭子的很多小秘密，见证了鸭子很多精彩的时刻，内心得到了极大的满足，在愉悦的情绪中丰富了对鸭子的认知，真正成为课程和学习的主人。小黄鸭也回归了本性，充满了灵气。

经验获得：

1.在与小黄鸭相遇、相识、相伴、相知的日子里，用多种感官观察、探索、了解小黄鸭的特征、变化，并用各种自己喜欢的方式来记录与表征，体验到探索和发现的乐趣。

2. 在亲自照料小黄鸭的生活起居过程中，培养爱心和责任心，同时感知生物的多样性和生命的奇特。

3. 遇到问题时，与老师、同伴及家长一起查资料、想办法，乐意分享与交流自己的答案，增强了语言表达能力。

（设计教师：江苏省如东县机关幼儿园　王玲玲　杨雨萌）

大班科学课程：拥抱冬天

课程来源：冬天来临，孩子们感受到气候变化，讨论冬天的变化。《指南》指出："教师要引导幼儿感知和发现不同季节的特点，体验季节对动植物和人的影响。"于是，教师从幼儿对冬季的感受和体验为切入点，预设主题网络图，开展主题活动"拥抱冬天"，让幼儿感知冬季万物藏的季节特征，体会在冬天里战胜寒冷的快乐。

课程环境：

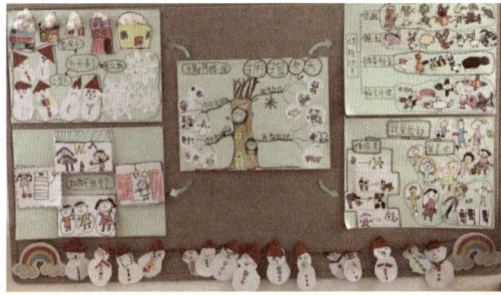

环境解读:

孩子们一起制作树状主题网络图,用绘画的方式进行记录,图文结合的方式生动形象。美工区里,孩子们剪出小雪花、制作小雪人、绘制雪房子,并用气泡图进行呈现。集体活动中,孩子们通过观看图片、小组讨论,知道动物的过冬方式,并思考绘制出人类的过冬方式。主题墙互动感足,幼儿的表征层次清晰,反映了他们对这一充满神秘感的季节的认知和喜爱。

经验获得:

1. 了解和描述冬季的特征,感知冬季里动植物的变化以及生存方式,感受大自然的奇妙。

2. 知道人们冬天的生活方式,体验冬日活动的乐趣。

3. 了解人们过冬的好办法,具有一定的自我保护意识。

4. 积极参加体育锻炼,不怕寒冷,做勇敢的运动达人。

(设计教师:江苏省如东县城中街道九总幼儿园　朱丹丹　张伟)

大班科学课程：你好，冬天

课程来源：对孩子来说冬天是寒冷的，也是神秘的，追随季节的步伐，大班教师组织开展"你好冬天"主题活动，让孩子通过观察、查找资料、表征等方式感受冬天的变化，体会冬天的美，在认识季节中获得对生活的进一步认识。

课程环境1：

环境解读：

运用气泡图，呈现课程的四个板块。板块一：我眼里的冬天，幼儿梳理对冬天的印象，进行表征，在同伴分享中理解大家对冬天的相同与不同感受。板块二、四：冬天的动物、植物，鼓励幼儿查找资料，了解冬天的动物和植物是怎样过冬的，并对动植物的过冬方式进行归纳总结，用思维导图的方式进行呈现；板块三：冬天的节气，认识冬季的6个节气，并运用二维码的形式，让孩子们了解冬季相关节气的知识。

课程环境 2：

环境解读：

暖冬这一板块的主要目的是引导幼儿懂得冬天不止有寒冷，还有温暖和温情。分为三个部分。第一部分：冬天的取暖工具。在幼儿了解且收集到信息之后，组织幼儿对取暖工具进行分类，分为电器类、针织类及其他。在主题墙中以相同的方式进行呈现，在幼儿了解知识的同时也提升了他们总结归纳的能力。第二部分：寒风中的人。在这一部分，幼儿了解到很多人在冬天不畏严寒为大家服务。并由此引发第三部分：我想对你说。幼儿想说出什么样的话，通过绘画的方式表达，并与同伴一起讲述分享，表达对为大家服务人群的感谢和热爱。

经验获得：

1. 知道冬天动植物的过冬方式。
2. 能对已经知道的关于冬天的相关经验进行归纳总结。

3.懂得冬天虽冷,却有一群人通过劳动为大家带来温暖。

(设计教师:江苏省如东县掘港街道群力幼儿园　施玉张　陈海英　高桂芳)

大班科学课程:管子那些事

课程来源:2021年9月,幼儿园消防改造工程还在继续,随处可见的红色管子引起了孩子们的注意。这些生活中常见的红色管子到底有什么作用,为什么我们的幼儿园要装上这些红管子?幼儿的兴趣就是课程的生发点,探究大红管子的课程之旅由此出发。

课程环境:

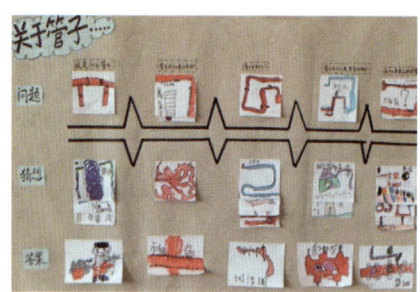
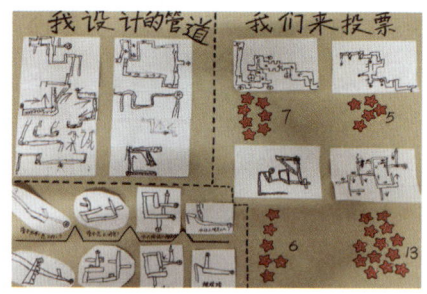
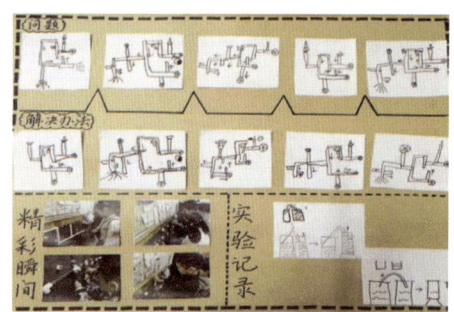

环境解读:

课程墙采用桥型图的方式将幼儿关于管子的问题、猜想、搜集的答案相对应摆放,清晰易懂。同时,幼儿还设计出具有独特造型以及功能的管道,幼儿自由投票,选出最受欢迎的管道设计图进行搭建。

在实验的过程中，用桥型图的方式将幼儿遇到的问题和解决办法对应呈现，同时适当加入图片资料展现幼儿游戏实录，表现出幼儿在课程中的多样探究。

经验获得：

1.遇到问题时能大胆猜测，与同伴共同商量解决问题。

2.通过调查、查找资料的方式了解消防管道的知识，与同伴合作探索消防管道秘密。

3.能进行大胆探究，喜欢参加科学探究活动。

（设计教师：江苏省如东县掘港街道群力幼儿园　施玉张　陈海英　高桂芳）

大班升班课程：我上大班了

课程来源：暑假过后，孩子们又回到幼儿园，成为大班的哥哥姐姐。这是他们在幼儿园里的最后一年，也意味着他们的生活学习、习惯品质、社会适应等方面的能力都将会有明显的提升。开学初，孩子们讨论的话题围绕着升班后的一系列变化展开，他们通过观察、讨论、分组研究、记录等方式，发现周围环境的变化和自己的成长。通过和弟弟妹妹交往，体验做哥哥姐姐的自豪感，充分认识和肯定自己的优点。会与同伴合作，共同协商，确定每个人在班级中的职责，进一步萌发集体规范意识和责任意识。

课程环境：

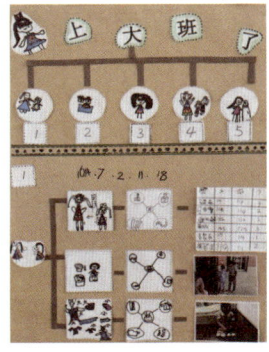

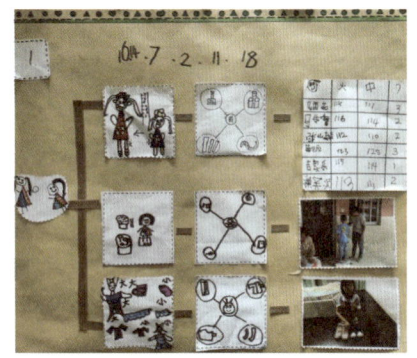 

环境解读：

升入大班后，孩子们更换了教室，班上老师也有所变动，谈话间，孩子们从自身身高、体重等变化，班级环境、区域布置等变化，班级组成人员的变化，"大带小"活动中自身角色的变化，自己的能力增长各方面自主选择话题，然后分组（在每个话题板块上方显示学号）讨论研究。运用括号图呈现幼儿身高、体重和鞋服的变化，运用气泡图呈现幼儿测量使用的工具，在身高的变化中还运用了表格将中大班身高分别进行对比。班级环境、区域布置等变化运用括号图呈现楼层、教室环境和设施的变化。运用括号图呈现老教师退休、新教师的加入、班级幼儿的变化等。在"大带小"活动中运用括号图呈现接送弟弟妹妹、安慰爱哭的弟弟妹妹和与弟弟妹妹做游戏等三个方面，直观感知自身角色的变化。运用括号图呈现幼儿升入大班后学习测量、学习跳绳和做力所能及的事等三方面。孩子们运用绘画、统计、对比的形式对以上五个方面的讨论内容进行展示，形成了可视化学习的主题墙。

经验获得：

1. 能关注自我成长，展现自我才能，为自己的长大感到喜悦。

2. 能根据需要设计新班级活动区的位置，制定规则，设计标志，初步萌发社会责任意识和小主人翁意识。

3. 知道自己是大班哥哥姐姐，喜欢参加各类活动，在"大带小"活动中乐于表现自己的才干，产生做哥哥姐姐的自豪感。

4. 能用图标的方式设计绘制可视化学习环境。

（设计教师：江苏省如东县新店镇幼儿园　张敏敏　丁亚梅）

班级名片

海子说过:"给每一条河每一座山取一个温暖的名字。"班级文化建设是班集体的重要组成部分,它是以班级为活动空间,以师幼为建设主体,以班级物质环境、心理环境建构为主要特征的群体文化。班名是班级文化中显性文化的一部分,是班级精神文化的集中体现;班徽是一个标志,标志着大家从属于一个班级并且团结一心。班级师幼的身高、体重、年龄、生日等情况,也是班级文化的重要内容,彰显每一个独特的自我。班级名片是整个班级精神的提炼,能够反映大家的共同追求,是班级活力和荣耀的象征。

小班班级名片

(一)

画面呈现:

环境解读：

班级名片采用流程图的方式呈现，这也是全班孩子参与班名、班徽设计过程的一种呈现方式。根据孩子们对班上三位老师的描述，在班级名片上加入他们熟悉的教师形象。由于小班上学期幼儿对于幼儿园的一切都很陌生，只对自己熟悉。因此，使用幼儿头像照片这种最直观明了的方式作为他们的标记，以此来进行日常的自我管理与自我认知活动。同时，引导他们观察同伴的特征，随后，统计出班上有12个男生和12个女生，并用柱状统计图呈现。

最后一个板块来源于班本礼仪课程，学期初，通过家访与日常观察，发现孩子们面对陌生老师与同伴的反应与态度有明显的差异，很多孩子都很怯懦，甚至不愿与人交往，更不会主动与人打招呼。因此，礼仪课程的实施变得顺理成章。在课程中，孩子们发现了许多有趣的问好方式，并且也都逐渐地愿意选择自己喜欢的方式和老师、同伴打招呼了。为了能够清晰地了解不同孩子所喜欢的方式，我们设置了一个问好方式投票栏，每个孩子都可以将自己的头像粘贴在相应的问好方式上面，形成一个柱状统计图，问好方式与幼儿头像的背面均贴有字母贴，可以随幼儿兴趣而移动调换。

（设计教师：江苏省如东县大豫镇海滨幼儿园　余韵　姚瑶）

（二）

画面呈现：

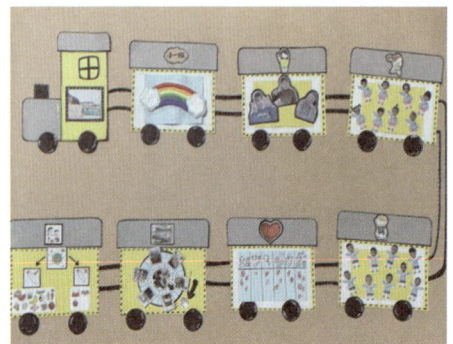

图一

图二

图三

图四

图五

图六

图七

图八

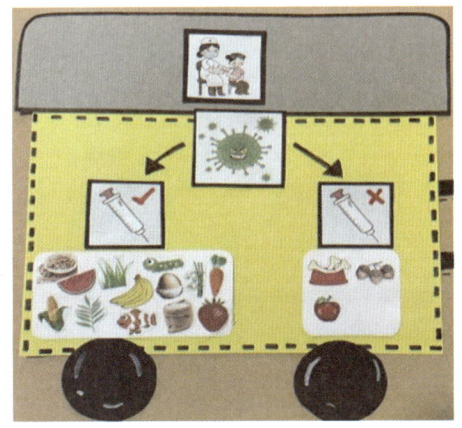
图九

环境解读：

采用富有童趣的小火车元素，从火车头到一节节的车厢，呈现出相关联的画面。火车头代表幼儿园，让幼儿知道自己是汤园幼儿园的一员（图二）；第一节车厢是班牌，是幼儿投票选出的，也是幼儿用彩泥捏出来的（图三）；第二节车厢是班级里的三位老师（图四）；第三节车厢是班级里的女生（图五）；第四节车厢是班级里的男生（图六）；第五节车厢是通过投票的方式选出最受小朋友欢迎的区域是哪个，对于不太受欢迎的区域，老师要向幼儿了解情况，及时对区域内材料和游戏玩法进行调整（图七）；第六节车厢是孩子提出的自主选床要求（图八）；第七节车厢是通过树状图了解班级里小朋友打新冠疫苗的情况（图九）。小火车元素适合小班幼儿，类似于流程图的展现方式，小朋友们一目了然，随着学期生活的展开，可以基于孩子的兴趣与班级开展的特色活动，继续延长车厢制作班级名片。

经验获得：

1. 认识自己的班级、老师及同伴，逐步适应集体生活。
2. 知道自己的性别，了解男生和女生的区别。
3. 从班级名片中了解班级状况，产生热爱集体的情感。

（设计教师：江苏省如东县新店镇汤园幼儿园　陈祎　花凌云）

中班班级名片

（一）

画面呈现：

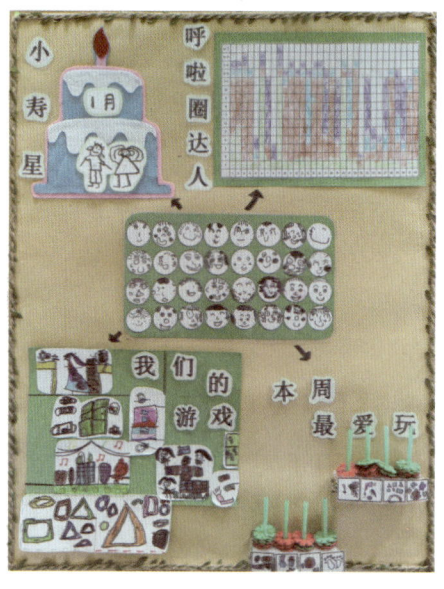

环境解读：

从小班到中班，班级小集体有了变化，来了两个新朋友，为了认识他们，孩子决定用表征方式画自己，互相认识；小寿星板块，通过生日大调查知道每个孩子在几月生日，将本月生日幼儿的自画像放入蛋糕内，每个月月初孩子们都会唱生日祝福歌；呼啦圈达人，是当月的活动主题呈现，孩子们利用晨间活动时间进行练习、游戏，并在月底进行统计；本周最爱玩一栏是区域的延伸，孩子表达对相关区域的喜欢，教师对孩子的兴趣一目了然，并根据儿童的兴趣对班级课程做相应调整。

经验获得：

1. 知道自己的生日在几月，初步了解一年有 12 个月。

2. 增强对自己样貌的认识以及体验绘画的乐趣。

3. 坚持打卡呼啦圈，并连续转 15 个以上。

4. 喜欢自己的班级，愿意为自己的班级服务。

（设计教师：江苏省如东县河口镇中心幼儿园　陈慧慧　符楚杨）

（二）

画面呈现：

环境解读：

本班幼儿自由组队为班徽设计图标，通过投票得出结果，花朵班徽票数最多。由此，确定以此为班徽并制作成大图标，亦成为思维导图。五片花瓣中孩子们将自己的小自画像按小组粘贴在其中。两片叶子中，幼儿利用学号，把自己的生肖猴或鸡分类粘贴并统计出人数。

经验获得：

1.观察自己，增强对自己样貌的认识，体验绘画的乐趣。

2.学会利用画图统计。

3.认识自己的学号以及生肖。

（设计教师：江苏省如东县河口镇中心幼儿园　陆冕冕　蔡群芳）

（三）

画面呈现：

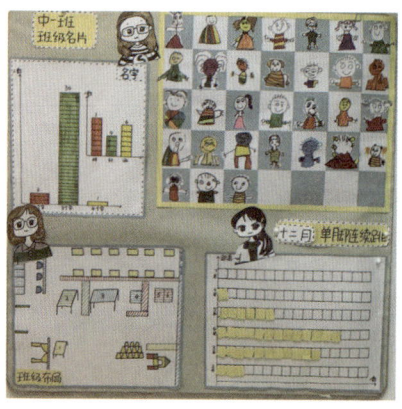

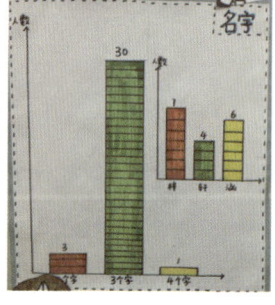

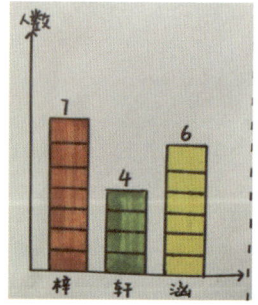

环境解读：

在班集体中，每个幼儿都是可爱而独立的个体。我们结合美工区一班一趣的撕纸技能，34名幼儿绘制好自己的肖像画并撕贴在展板上，小手一个拉着一个，互相连结，组成了相亲相爱的大家庭。班级幼儿名字有秘密，秘密一是，大家通过点数比较，发现不是每个人的名字字数都一样多，组织幼儿进行分类统计，再用柱状图的形式呈现，发现班级有3名幼儿名字有两个字，30名幼儿名字有三个字，还有1名幼儿名字有四个字。秘密二是，在介绍统计名字时，幼儿发现有好多同伴名字里有发音一样的字，比如梓、轩，经过统计发现，班级有7名幼儿名字里有"梓"，4名幼儿名字里有"轩"，6名幼儿名字里有"涵"，幼儿通过两次统计发现班集体中姓名一样和不一样的秘密。升入中班，幼儿换了活动室，游戏区域设置也有所调整。和幼儿一起商讨绘制的班级布局图，使得他们更加了解新教室的区域分布。单脚跳是中班幼儿应该掌握的技能，幼儿每月统计单脚跳的距离，帮助幼儿明确自身单脚跳数据的同时也能清晰下个月的目标。

经验获得：

1.能够根据自身面部和体态特征绘制自己的肖像画，并进行撕贴，促进手部精细动作的灵活性、协调性发展。

2.能运用点数比较的方法，统计出班集体幼儿名字的秘密，并对自己和他人的名字感兴趣。

3.初步感受和理解立体布局平面化展示,启发空间思维能力。

4.掌握单脚跳技能,发展动作的平衡性、稳定性、协调性,增强下肢力量。

(设计教师:江苏省如东洋口港经济开发区港城幼儿园 刘畅 沈秋菊)

(四)

画面呈现:

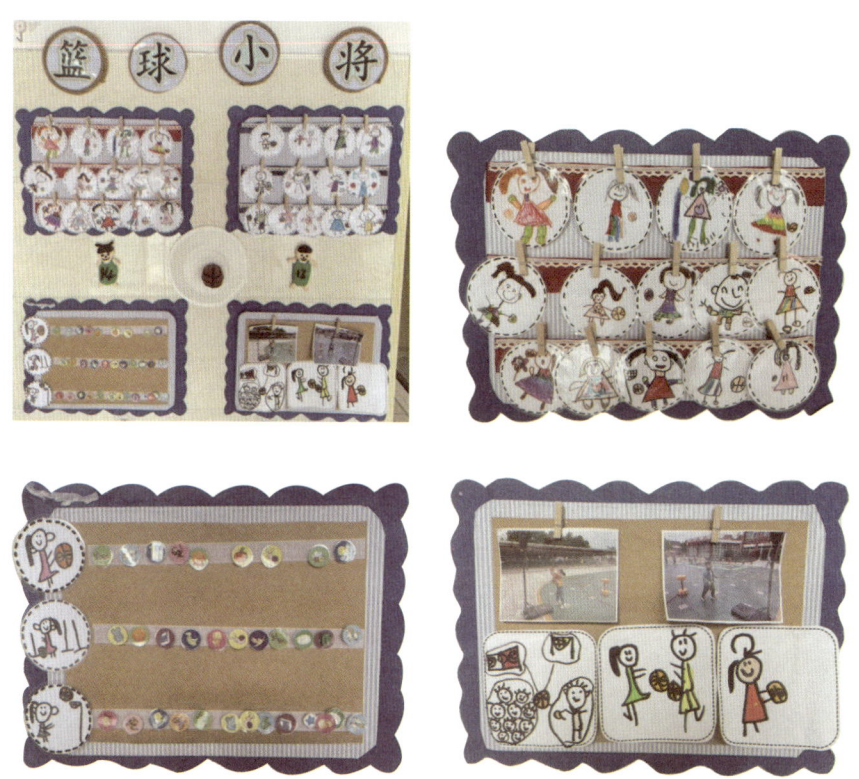

环境解读:

班级名片是班级对外展示的窗口,因此在和幼儿的讨论、投票后一致决定将名片与特色运动课程篮球相结合。孩子们在设计自己的名片形象时,以"篮球小子"或是"篮球小丫"为主题,绘制自己的运动瞬间,如单手拍球、投篮、双手拍球、胯下绕球等。班级幼儿按照男女进行分类,其人数则是幼儿统计并通过球服数字进行呈现。

名片中除了展示班级人数外，幼儿的运动自信也在此体现，幼儿将自己的标记贴在自己擅长的项目上，通过名片墙形象地向本班或者其他班级的伙伴介绍自己，展示自己的优点，同时自己的运动信息也是动态更新的，从而保持运动热情。在名片中还将幼儿精彩瞬间以照片和游戏故事的形式呈现，通过幼儿的笔触，记录他们的高光时刻。

经验获得：

1. 能通过数数统计班级男女人数，比较男女生人数的多少。

2. 经常用绘画、捏泥、手工制作等多种方式表现自己的所见所想。

3. 知道自己的一些优点和长处，对此感到满意并大胆表现。

4. 喜欢自己所在的班级，为自己是班级一份子而感到自豪。

5. 愿意与他人交谈，喜欢谈论自己感兴趣的话题，如班级人数情况，自己所擅长的篮球运动等。

（设计教师：江苏省如东县新店镇幼儿园　周婷　吕娟）

（五）

画面呈现：

环境解读：

我们的班级名片分为三部分："苹果一家人""家有二宝"和"我们是邻

居"，这些都是通过幼儿对"名片"的了解，在日常谈话中设定下来的。

我们的班名是苹果班，所以在"苹果一家人"板块都是每位幼儿设计一个属于自己的、各具特色的自画像，汇集在一起，组成班级全家福。教师的画像由幼儿绘制，然后投票产生的。调查发现我班二胎较多，我们又开始了二胎关系的调查：兄弟、兄妹、姐弟或姐妹。"家有二宝"板块用乐高积木以柱状图方式立体呈现，其中有独生子女、二胎和双胞胎。我们将幼儿园的施教区用立体图的方式呈现出来，幼儿们变成一个个立体小人站在自己家的小区旁。同时小区立体图也是可操作的，幼儿可以将自己的立体小人移动到好朋友的小区等等，充分体现了以幼儿为主体。

经验获得：

1. 对自己和老师的形象感兴趣，积极动手动脑设计绘制。

2. 了解自己的家庭成员和社区情况，愿意与同伴交流分享。

3. 喜欢自己的班级，愿意为自己的班级服务。

（设计教师：江苏省如东县爱民路幼儿园　陈婷婷　毛佳男）

大班班级名片

（一）

画面呈现：

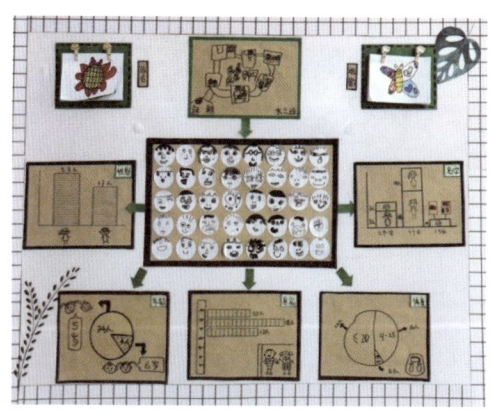

环境解读：

班级每个幼儿设计一个属于自己的、独具特色的头像，汇集在一起，组成班级全家福。每个幼儿参与班名、班徽的设计活动，然后通过投票的方式产生本班的班名班徽。班级幼儿身高、体重情况，让幼儿通过自然测量的方法获得，并组织幼儿对数据进行分类汇总，再以柱状图的形式呈现。班级幼儿姓名，教师分别组织他们根据名字中汉字的多少进行分类汇总。我班有几个孩子的名字有7个字，他们是新疆少数民族、中法混血儿。统计名字时，我们还组织幼儿对名字的含义进行讨论。

班级名片整体以气泡图的方式呈现，班级名片中每个板块内容用不同的思维导图，如柱状图、饼状图等方式呈现，儿童不仅参与每一个数据的获得过程，更参与到每个数据的展示中，班级文化是大家共同努力的结果，名片的呈现，也是师幼共同参与的过程，名片的动态更新，体现了幼儿的全程参与，让他们的学习看得见。

经验获得：

1.能运用自然测量的方法，知道自己的身高和体重分别是多少。

2.对自己的名字感兴趣，了解名字所蕴含的意义。

3.能用语言或其他方式，表达自己班级的情况。

4.喜欢自己的班级，愿意为自己的班级服务。

（设计教师：江苏省如东县掘港街道群力幼儿园　顾楠　刘明珠）

（二）

画面呈现：

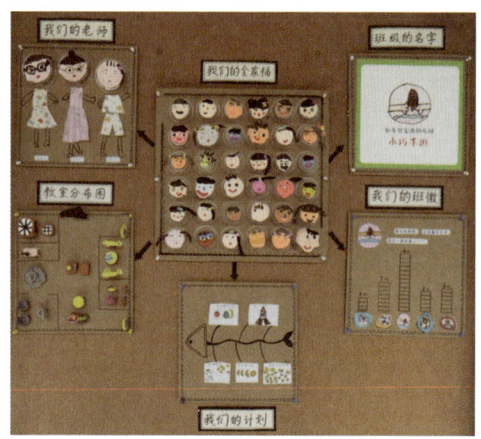

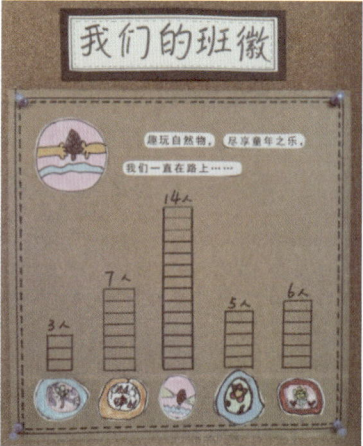

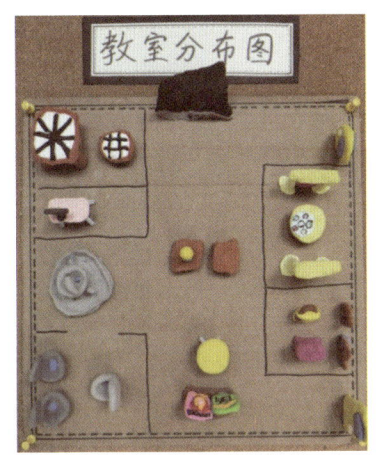 

环境解读：

班级名片能给幼儿一种强烈的归属感。我班孩子用不同的造型来表现班级的三位老师，体现了与教师亲近的师幼关系；用黏土来制作自己的头像，体现了幼儿对自己和他人的特征有清楚的认识；用立体的方式来呈现教室的布局，让幼儿体验到自己是班级活动室的小主人。班级的名字最能体现一个班级的特点，小巧手班就是我班的特色体现，而班徽则是一个班文化的象征，代表着以自然材料为主的艺术属性，我班孩子爱搜集自然物，并运用到各类区域游戏中。班级计划则是幼儿对班级课程的理解与呈现，可以动态更换。

经验获得：

1.能运用不同的材料来表现自己和他人的外貌特征，加深对自己和他人的认识。

2.能对教室里不同区域进行合理布局，并用黏土来表现每个区域明显的特征。

3.对自己班级的文化氛围有更深层次的理解，并用绘画的方式表达自己的理解。

4.热爱自己的班级，愿意为班级做事，并为班级的荣誉感到骄傲和自豪。

（设计教师：江苏省如东县宾东幼儿园　李音）

（三）

画面呈现：

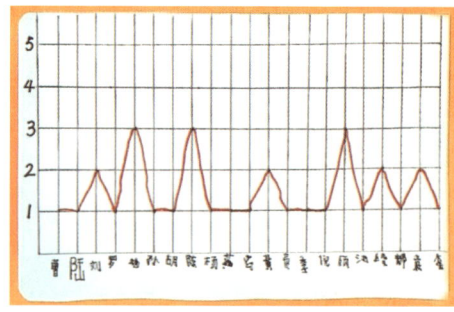

环境解读：

幼儿用绘画表现班级三位教师的形象。关于小朋友的年龄，幼儿经过调查、采访与记录后，统计得出21人6岁，10人7岁，也就是说这10个小朋友属于"哥哥姐姐"的行列。针对这一结果，师幼一同制作了关于年龄分布的饼状图。

姓氏相关的调查是幼儿自发的想法，孩子们相处了两年，对于彼此的姓名都非常熟悉，并且时常对于小朋友之间"名字中第一个字相同"这个现象感到好奇。在了解到第一个字是姓氏之后，他们开始调查姓氏。通过调查，幼儿了解到班级里有几种不同的姓氏，属于这些姓氏里的分别有多少人，并且在老师的帮助下完成了折线统计图，从图中可以一目了然地看出班级姓施、陈、顾的幼儿人数最多。

（设计教师：江苏省如东县大豫镇海滨幼儿园　陆玲　彭蕙）

（四）

画面呈现：

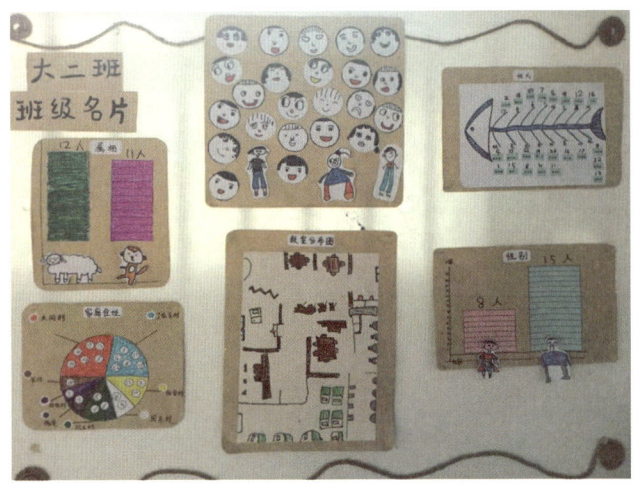

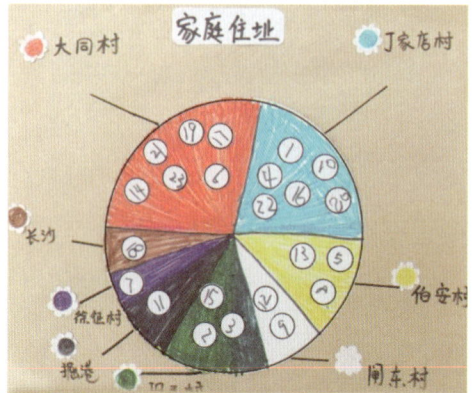

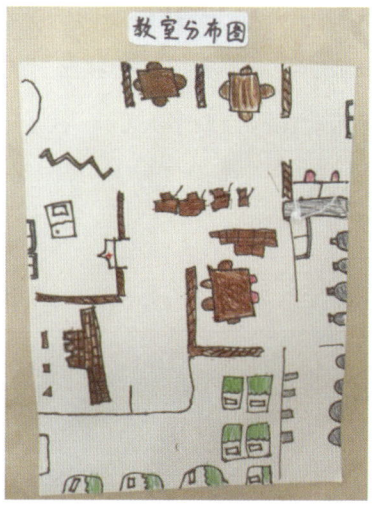

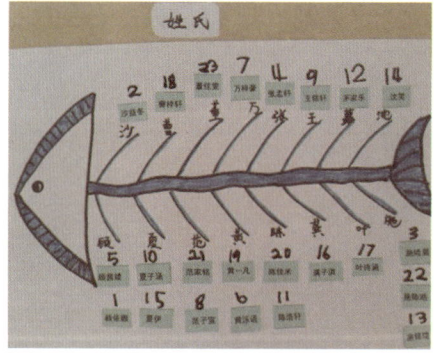

环境解读:

班级中的每个幼儿、老师都有自己的专属头像,汇集在一起,形成了我们的全家福。大班幼儿的自我意识较强,对自己的社会角色有所关注,同时为了让幼儿了解中国传统的姓氏文化,进一步认识自我,理解人的社会属性,我们以鱼骨导图方式展示了每个幼儿的姓氏,相同姓氏在一起。班级幼儿的性别、生肖用柱状图的方式表现出来,孩子可以画一画、涂一涂、数一数,统计出人数。家庭住址用饼状图表现出来,孩子们开始关注自己的家庭住址,从色块显示中可以看到和自己住在相同地区的小朋友。

经验获得:

1.能运用柱状图、鱼骨图统计出班级幼儿的生肖、性别、姓氏。

2.对自己的姓氏感兴趣,初步了解姓氏代表的意义。

3.知道自己的班级区域划分,能讲述自己班级的情况。

4.知道自己是班级中的一员,愿意为自己的班级服务。

(设计者:江苏省如东县大豫镇丁店幼儿园　杨晓楠　陈勤慧)

(五)

画面呈现:

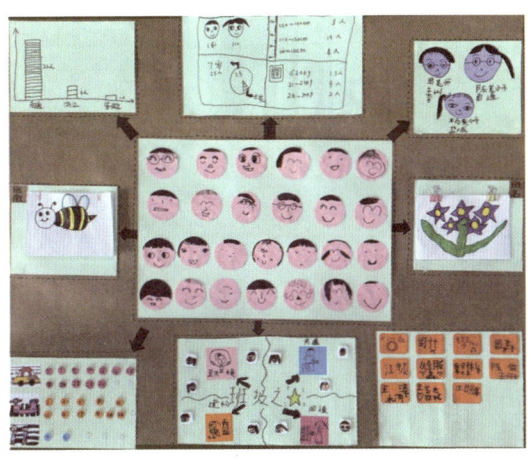

环境解读：

在幼儿园的植物角里，孩子们发现了一些风信子，他们很喜欢。在为班级取名时，孩子们投票决定用风信子作为班名。我班一共有 26 名幼儿，其中以户籍地划分，分别是江苏南通 22 人、浙江 3 人、安徽 1 人。孩子们绘制柱形图，尝试统计，并将统计的结果进行呈现。在调查统计中，孩子们对我们国家的地名开始感兴趣。在统计交通方式时，孩子们根据自己的乘车方式进行统计。在了解到每个人的个人信息（身高、体重、年龄、性别）后再进行分类统计。部分孩子已经能够初步书写自己的姓名。

经验获得：

1. 了解名片的功能，初步尝试设计名片。

2. 对了解小伙伴感兴趣，激发幼儿交往的愿望。

3. 通过调查统计，发现班级小伙伴有很多相同和不同之处。

（设计教师：江苏省如东县洋口镇洋口幼儿园　杨迎　周梅）

（六）

画面呈现：

环境解读：

每一个班级的儿童都来自于不同地区或城市，他们的身份证号码、家乡的人文风俗等都不尽相同。班级名片中，每个幼儿自制一个立体式纸盒子，第一面是幼儿自画头像，头像下面贴着幼儿的身份证号码（能一眼看出是哪位幼儿），同时在这一面上每个幼儿分别贴有不同的贴画（大拇指表示省外籍、小花朵表示省内县外、星星表示如东籍，下方分别对不同籍的幼儿用毛球进行统计）；第二面是自己设计的生日蛋糕并写上出生的月份（知道自己的生日是几月，同时了解班级其他幼儿的生日是几月）；第三面是幼儿画的自己的属相（知道自己的属相以及年龄）；第四面是幼儿将自己户籍所在的省份板块贴在上面并涂色。通过探究每个人身份证号码的组成，可以知道不同城市的身份证号码开头是不一样的；通过探究中国地图，幼儿可以了解不同地方的特色，通过扫码红色区域观看幼儿去过地方的视频，引发幼儿对祖国不同地区文化的兴趣，从而培养幼儿爱家乡、爱祖国的情感。

经验获得：

1. 认识中国地图，了解祖国的辽阔地域，为自己是中国人而感到自豪。
2. 对自己的身份证感兴趣，了解身份证相关知识。
3. 激发爱家乡、爱祖国的情感。

（设计教师：江苏省如东县爱民路幼儿园　黄宇婷）

第二辑

"班级收纳"具象化图标的应用

生活即教育，收纳是幼儿生活中必不可少的内容，良好的收纳习惯伴随终身。而富有趣味的收纳方式，不仅能让幼儿轻松学会整理自己的玩具、图书以及各种小物件，还能在收获乐趣的同时，习得多领域的核心经验，促使幼儿从收纳简单的物品上升到收纳思维，从而真正发挥环境育人的作用。

小班收纳

（一）

收纳标志：点子和实物卡片匹配

环境呈现：

经验获得：

1. 能手口一致地点数 5 以内的物体，并匹配相应数量的点卡。
2. 知道按照实物和点卡的数量进行匹配，将玩具篮放回玩具柜。
3. 通过看标记收玩具，感知 5 以内数量关系，养成良好的整理收纳习惯。

（设计教师：江苏省如东县岔河镇岔北幼儿园　刘翠翠　陆思遥　陈煜瑄）

（二）

收纳标志：点子与数字匹配

环境呈现：

经验获得：

1. 能够手口一致点数 5 以内的数，并说出点数。

2. 能将点子与数字进行匹配，收拾整理玩具。

3. 养成良好的收纳习惯。

（设计教师：江苏省如东县洋口镇新林幼儿园　吴陈杨　叶茂）

（三）

小班收纳：动物及交通工具的颜色匹配

环境呈现：

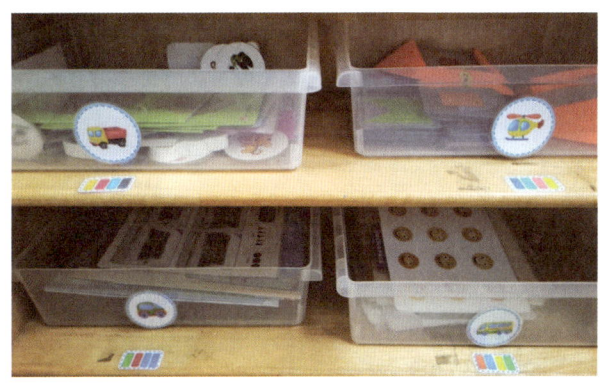

经验获得：

1. 观察动物以及交通工具的颜色，巩固对颜色的认知。
2. 通过匹配完成玩具收纳，养成良好的整理习惯。

（设计教师：江苏省如东县洋口港经济开发区港城幼儿园　郁红梅）

（四）

收纳标志：手套、袜子配对

环境呈现：

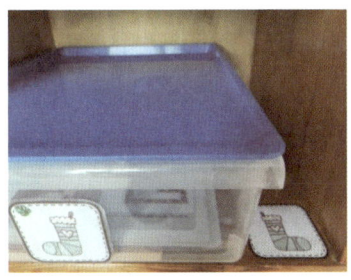
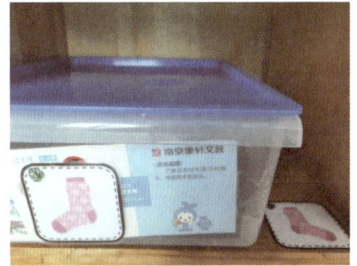

经验获得：

1.观察手套、袜子的颜色、花纹，并进行配对。

2.通过看标记收玩具，感知手套和袜子是成双的数量关系。

3.有序整理，体验通过劳动美化周围环境的乐趣。

（设计教师：江苏省如东县岔河镇岔北幼儿园　刘翠翠　陆思遥　陈煜瑄）

（五）

收纳标志：影子配对

环境呈现：

经验获得：

1.通过观察物品形状，找到与之相应的影子进行配对。

2.通过看标记收玩具，加强对物品的认知。

3.养成良好的整理收纳习惯。

（设计教师：江苏省如东县岔河镇岔北幼儿园　刘翠翠　陆思遥　陈煜瑄）

（六）

收纳标志：整体和部分对应

环境呈现：

经验获得：

1. 在了解水果结构的基础上，将完整的水果和切开的水果进行匹配。

2. 通过看标记收玩具，加强对水果的认知。

3. 将玩具篮收回玩具柜，养成良好的整理收纳习惯。

（计教师：江苏省如东县岔河镇岔北幼儿园　刘翠翠　陆思遥　陈煜瑄）

（七）

收纳标志：动物与食物配对

环境呈现：

经验获得：

1. 了解常见动物的食物，对动物的生活习性感兴趣。

2. 愿意参与整理收纳，培养秩序意识。

（设计教师：江苏省如东县马塘镇潮桥幼儿园　陈雨杰　韩一榕）

（八）

收纳标志：图形对对碰

环境呈现：

经验获得：

1. 巩固对圆形、三角形、正方形、长方形的认知。

2. 能按照标志的图形和对应的颜色收纳玩具。

3. 知道玩具要摆放整齐并摆放到固定位置上。

（设计教师：江苏省如东县洋口镇洋口幼儿园　范华敏　朱明鑫）

中班收纳

（一）

收纳标志：楼层与数字匹配

环境呈现：

经验获得：

1. 会用数词描述事物的排列顺序和位置。

2. 知道楼房的楼层是从下往上数的，尝试看人物标记按照从下往上的顺序数出所在楼层，并与数字卡片相匹配。

3. 通过看标记收玩具，感知序数，养成良好的整理收纳习惯。

（设计教师：江苏省如东县苴镇街道新光幼儿园　吴燕）

（二）

收纳标志：图形与点卡匹配

环境呈现：

经验获得：

1. 感知10以内的数量。

2. 根据要求，按图形特征数出总数（小猪身上有几个圆形），将标记和数字进行匹配。

（设计教师：江苏省如东县掘港街道环镇幼儿园　曹海琴）

（三）

收纳标志：车轮数量与点卡匹配

环境呈现：

经验获得：

1. 感知 10 以内的数量。

2. 根据要求，数出车轮数目，并与点卡匹配。

3. 养成良好的整理收纳习惯。

（设计教师：江苏省如东县宾东幼儿园　吴玉箫　彭超）

（四）

收纳标志：数字与火柴棒的数量匹配

环境呈现：

经验获得：

1.学会点数火柴棒，懂得匹配的方法。

2.能手口一致地点数 7 以内的火柴棒，并匹配相应的数字。

3.愿意看标记收玩具，积极参与班级常规活动。

　　　　　　　（设计教师：江苏省如东县曹埠镇饮泉幼儿园　徐睿　陆秀霞）

（五）

收纳标志：相邻数

环境呈现：

经验获得：

1.能找到相邻朋友，进行物品的匹配。

2.知道按照相邻数进行匹配的方法，将玩具篮收回玩具柜。

3.通过看标记收玩具，养成良好的整理收纳习惯。

　　　　　　　（设计教师：江苏省如东县马塘小学附属幼儿园　郭佳佳　周玲丽）

（六）

收纳标志：九宫格图形摆放

环境呈现：

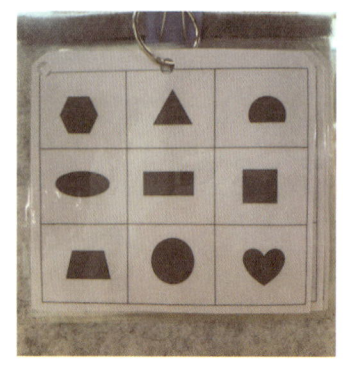 

经验获得：

1. 感知图形的特征。

2. 根据图形以及九宫格中的方位进行收纳。

3. 养成良好的整理收纳习惯。

（设计教师：江苏省如东县宾东幼儿园　吴玉箫　彭超）

（七）

收纳标志：找规律

环境呈现：

经验获得：

1. 找出物品摆放的规律，与相应的图片相匹配。

2. 知道按照找规律进行匹配的方法，将玩具篮收回玩具柜。

3. 通过看标记收玩具，养成良好的整理收纳习惯。

（设计教师：江苏省如东县马塘小学附属幼儿园　郭佳佳　周玲丽）

（八）

收纳标志：职业与使用工具相匹配

环境呈现：

经验获得：

1. 了解生活中有各种各样的职业，感知不同职业的特点。

2. 将职业与所使用的工具标记进行匹配，将玩具篮收回玩具柜。

3. 通过看标记收玩具，养成良好的整理收纳习惯。

（设计教师：江苏省如东县马塘小学附属幼儿园　郭佳佳　周玲丽）

（九）

收纳标志：提示卡与图形的匹配

环境呈现：

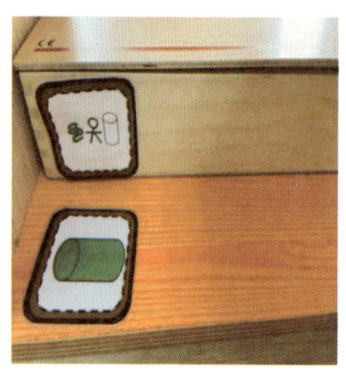 

经验获得：

1. 感知图形的形状、颜色及大小特征。

2. 知道看提示卡找到匹配的图形，将玩具篮收回玩具柜。

3. 通过看标记收玩具，养成良好的整理收纳习惯。

（设计教师：江苏省如东县经济开发区中心幼儿园　赵小利）

（十）

收纳标记：方向提示卡片与小动物匹配

环境呈现：

经验获得：

1. 了解箭头指示的含义，知道所指的方向。

2. 能根据箭头指示卡片找到对应的小动物，并养成收纳的好习惯。

（设计教师：江苏省如东县栟茶镇靖海幼儿园　蔡龚喆祺　刘思琦）

（十一）

收纳标记：生活中常见电话号码与职业匹配

环境呈现：

经验获得：

对生活中特殊的电话号码（119、110、120等）感兴趣，感知它们与人们生活的关系。

（设计教师：江苏省如东县河口镇中心幼儿园　朱云梅　洪雨甜）

（十二）

收纳标志：人物形象和人物特征匹配

环境呈现：

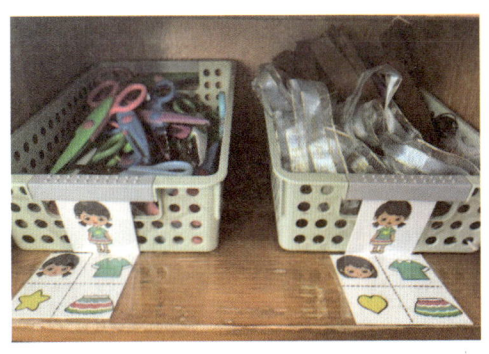

经验获得：

1. 观察人物的四个特征，并找到相匹配的人物。

2. 通过将人物和特征进行匹配，养成良好的整理收纳习惯。

（设计教师：江苏省如东县苴镇街道中心幼儿园　周蝶　徐春）

（十三）

收纳标记：头发肩膀膝盖脚

环境呈现：

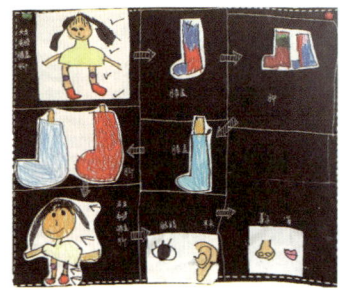 

经验获得：

1. 学习用绘画的方式表达儿歌内容，并根据儿歌顺序收放玩具。

2. 对儿歌学习感兴趣，并养成良好的收纳习惯。

（设计教师：江苏省如东县苴镇街道中心幼儿园　曹意谨　张银梅）

（十四）

收纳标志：量的比较

环境呈现：

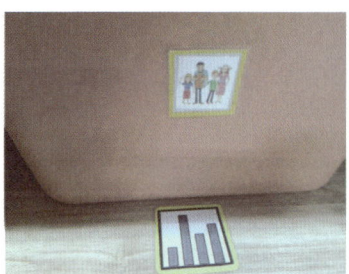 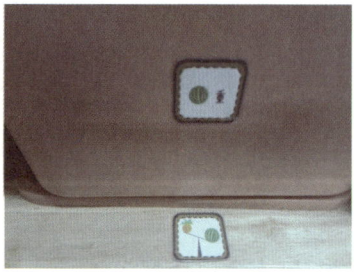

经验获得：

1. 能感知和区分物体的长短、轻重等量方面的特点，并能用相应的词语描述。

2. 通过看标记收玩具，养成良好的整理收纳习惯。

（设计教师：江苏省如东县大豫镇海滨幼儿园　吴镓烨　姚瑶）

（十五）

收纳标志：长短大小匹配

环境呈现：

经验获得：

1. 会用不同的方法比较物体的长短、大小。

2. 通过看标记收玩具，感知序数，养成良好的整理收纳习惯。

（设计教师：江苏省如东县大豫镇丁店幼儿园　施美）

（十六）

收纳标志：按图形特征、序数找家

环境呈现：

经验获得：

1. 通过观察、对比，感知图形特征，并能根据提示卡进行图形匹配。

2. 认识5以内的序数，学会从一个方向（图形标记）确定物体的排列位置。

3. 看标记收图书，感知序数，养成良好的整理收纳习惯。

（设计教师：江苏省如东县河口镇于港幼儿园　佘美红　徐娟）

（十七）

收纳标志：图形规律配对

环境呈现：

经验获得：

1. 了解模式收纳环境，看懂并能说出每个模式卡上的排序规律。

2. 根据模式卡片的排序规律，将玩具放置在对应的橱柜收纳整齐。

3. 自主设计规律卡，在感知模式的基础上尝试创造新的模式，与同伴一起收纳。

4. 养成良好的收纳习惯。

（设计教师：江苏省如东县锦绣幼儿园　姜琦　曹雨琴）

大班收纳

（一）

收纳标志：数的分成

环境呈现：

经验获得：

1. 感知 10 以内数的大小、分合。

2. 根据要求，尝试在空格内匹配相应的数字，提升归纳、推理能力。

3. 养成良好的整理收纳习惯。

（设计教师：江苏省如东县曹埠镇饮泉幼儿园　孙锦花　吴程远）

（二）

收纳标记：数字找家

环境呈现：

经验获得：

1. 看懂图意，能根据提示找到数字的家。

2. 具有一定的空间方法及对应能力。

（设计教师：江苏省如东县大豫镇丁店幼儿园　赵萍萍　沈淑敏）

（三）

收纳标志：加减运算

环境呈现：

经验获得：熟练掌握10以内的运算，能将玩具正确地送回家。

（设计教师：江苏省如东县洋口镇光荣幼儿园　章黎　陈靖雯）

（四）

收纳标志：象形字与汉字匹配

环境呈现：

经验获得：

1. 感知象形字与相关事物的联系。

2. 发现象形字与现代汉字的联系并进行匹配。

3. 养成良好的整理收纳习惯。

（设计教师：江苏省如东县大豫镇海滨幼儿园　沈宇杰　陈开利）

（五）

收纳标记：图文对应

环境呈现：

经验获得：

1. 看字识别卡片上的图画，有初步的前书写技能。

2. 能够图文匹配，养成将玩具归类的好习惯。

（设计教师：江苏省如东县大豫镇海滨幼儿园　陆玲　彭蕙）

（六）

收纳标志：月历匹配

环境呈现：

经验获得：

1. 对月概念有初步的感知，了解数在实际生活中的意义和运用。

2. 了解日历的基本信息，学会看日历。

（设计教师：江苏省如东县大豫镇海滨幼儿园　蔡张赟　包永艳）

（七）

收纳标志：提示卡与物体匹配

环境呈现：

经验获得：

1. 根据锁扣形状等卡片提示，能够找到对应的收纳盒。

2. 养成认真观察及良好的整理收纳习惯。

（设计教师：江苏省如东县洋口镇新林幼儿园　张珺姝　姚丽敏）

（八）

收纳标志：提示卡与图形匹配

环境呈现：

经验获得：

1.善于观察，感知空间位置与方位。

2.能看懂方位标记，准确找到对应的图案，丰富对空间方位的认知。

（设计教师：江苏省如东县大豫镇海滨幼儿园　蔡张赟　包永艳）

（九）

收纳标志：房间号的匹配

环境呈现：

经验获得：

1.会看横向单元、纵向楼层，能够表述正确的房间号。

2.感知行和列的关系，积累序数经验。

（设计教师：江苏省如东县大豫镇海滨幼儿园　蔡张赟　包永艳）

（十）

收纳标记：日期和节日对应

环境呈现：

经验获得：

1. 知道各种各样的节日，初步了解节日习俗。

2. 通过对照日历，知道什么时候会有什么节日。

3. 感知与了解自己的生活与节日的关系。

（设计教师：江苏省如东县大豫镇海滨幼儿园　陆玲　彭蕙）

（十一）

收纳标志：节日与习俗匹配

环境呈现：

经验获得：

1. 了解传统节日的习俗，对各种传统节日的习俗进行匹配。

2. 感受传统节日特点，增加对中国传统文化的认知。

3. 养成良好的整理收纳习惯。

（设计教师：江苏省如东县锦绣幼儿园　胡菲　周子豪）

（十二）

收纳标志：交通标志匹配

环境呈现：

经验获得：

1. 感知生活中不同种类的交通标志代表的意义。

2. 根据要求，将相同意义的标志进行归类。

3. 养成良好的整理收纳习惯。

（设计教师：江苏省如东县锦绣幼儿园　胡菲　周子豪）

（十三）

收纳标记：动物数独

环境呈现：

经验获得：

1. 熟悉数独游戏，能运用已有数学经验解决问题。

2. 可以运用排除法，找出对应的图片，进行收纳。

（设计教师：江苏省如东县大豫镇海滨幼儿园　陆玲　彭蕙）

（十四）

收纳标志：二十四节气与文字的匹配

环境呈现：

经验获得：

1. 了解二十四节气，知道其名称的由来。

2. 尝试将二十四节气图匹配相应的文字符号，激发对文字符号的兴趣，并养成良好的整理收纳习惯。

（设计教师：江苏省如东县宾东幼儿园　徐亚萍）

（十五）

收纳标志：十二生肖与汉字的匹配

环境呈现：

经验获得：

1.幼儿绘制十二生肖标志图片，了解十二生肖具体有哪些。

2.尝试将十二生肖图片与相对应的汉字进行匹配，激发对汉字的探究兴趣。愿意为班级区域设计各种标记，增强前书写的技能。

（设计教师：江苏省如东县宾东幼儿园　李音）

（十六）

收纳标志：时钟与时间的匹配

环境呈现：

经验获得：

1. 了解时钟的结构，以及分针、时针的运行规律。

2. 通过看钟表匹配相应的时间，建立初步的时间观念，学会安排自己的学习和生活。

3. 通过自制时钟区域标记，体验自主收纳的快乐。

（设计教师：江苏省如东县宾东幼儿园　徐亚萍）

（十七）

收纳标志：职业与工具的匹配

环境呈现：

经验获得：

1. 了解生活中的常见职业，感知劳动者的职业特点。

2. 尝试将不同职业的人与其需要的工具进行匹配，养成良好的整理收纳习惯。

（设计教师：江苏省如东县宾东幼儿园　徐亚萍）

（十八）

收纳标志：冬奥运动项目与图标的匹配

环境呈现：

经验获得：

1. 了解北京冬奥会的运动项目和相关知识。

2. 尝试将运动项目和相应的标识进行匹配，养成良好的整理收纳习惯。

（设计教师：江苏省如东县宾东幼儿园　徐亚萍）

（十九）

收纳标志：服务场所与标记的匹配

环境呈现：

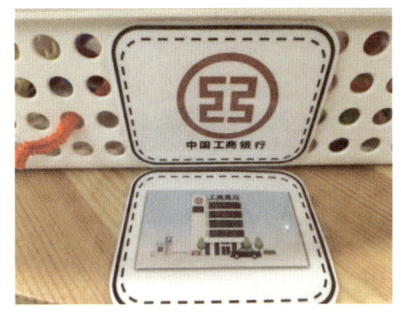 

经验获得：

1.通过观察服务场所发现其特定的标识，了解生活中常见的服务场所标志，知道它们的含义。

2.尝试将服务场所与标识进行匹配，增进对标识的认识，养成良好的整理收纳习惯。

（设计教师：江苏省如东县宾东幼儿园　徐亚萍）

（二十）

收纳标志：公共场所与标记的匹配

环境呈现：

经验获得：

1. 了解公共场所的标记，知道它们的含义。

2. 尝试将公共场所与相应的标记进行匹配，养成良好的整理收纳习惯。

（设计教师：江苏省如东县宾东幼儿园　李音）

第三辑

思维导图在集体活动中的运用

3~6岁幼儿以直觉行动思维和具体形象思维为主，他们喜欢用涂鸦、绘画来表达自己内心的想法，而思维导图就是把幼儿大脑中的想法"画"下来，让他们的创造力和想象力得到进一步的发挥。在集体活动中，教师一方面可以借助多种思维导图加深幼儿对事物的理解，另一方面也可以鼓励幼儿用简单的思维导图梳理知识、表达自己的想法，从而将本来看不见的"思维路径"呈现出来，便于教师了解幼儿对某一事物的认识情况，并为幼儿进一步的学习与思考提供有效的支持。

中班语言活动：说颠倒

江苏省如东县袁庄镇沿南幼儿园 贾胜男 张周慧

设计意图：

《指南》语言领域中指出："语言是交流和思维的工具。幼儿期是语言发展，特别是口语发展的重要时期。"《说颠倒》是一首非常幽默的儿歌，它颠倒了现实生活中各种动物和植物的正常现象。这首儿歌内容贴近幼儿的生活实际，通俗易懂，活泼有趣，富有韵律感，深受幼儿的喜爱。本次活动创设了参观颠倒乐园的情境，以桥型图为主线，对应呈现儿歌中的内容，最后利用快板引导幼儿在看一看、听一听、说一说中学习儿歌，了解颠倒歌的特点，并借助图片帮助幼儿尝试仿编有趣的颠倒歌。

活动目标：

1. 借助桥形图理解儿歌内容，了解颠倒歌的特点，学会风趣地朗诵儿歌。
2. 感受颠倒歌语言的节奏韵律，初步尝试仿编颠倒歌。
3. 体会颠倒常理的可笑，培养幽默感。

活动准备：

颠倒乐园背景、儿歌所包含的图片（如石榴树上结红桃，杨柳树上结辣椒等）、一张未完成的桥型图、每组一张桥型图、各种颠倒图片（苹果树上结桃子，小朋友用手走路，羊吃狼，鱼在飞，鸟在游等）、一个快板。

活动过程：

一、情境导入，师幼共同进入颠倒乐园

1. 今天老师带你们去一个神奇的乐园。瞧！我们已经来到了乐园的大门，这个大门和我们平时看到的有什么不同呢？你们为什么笑呢？这个乐园的名字叫颠倒乐园，你们发现除了门是倒的，还发现什么有趣的事情呢？让我们一起打开颠倒乐园的大门吧！

2. 为什么会叫颠倒乐园呢？原来颠倒王国所有的东西和我们平时看到的都不一样，这里有一个好听的词语叫做颠倒。

3. 走一走、看一看，互相说一说颠倒王国里有趣的事情。

（评析：活动开始，教师利用情境带领幼儿来到颠倒乐园，通过颠倒的门吸引幼儿的兴趣，激发幼儿想进入颠倒乐园的欲望。此环节充分营造了轻松、愉悦的语言氛围，为后面环节的顺利开展做了充分铺垫。）

二、互相说一说颠倒乐园的发现

1. 在颠倒乐园里，你们发现了什么有趣的事情呢？

2. 出示空白的气泡图，将自己的发现记录在气泡图中，形成完整的气泡图。

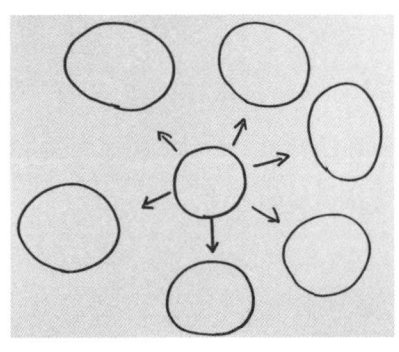 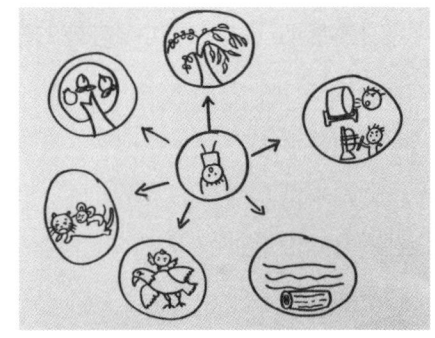

3. 看着气泡图说一说自己的发现。

（评析：引导幼儿通过画思维导图来展现其思维过程，这样能让教师进一步了解幼儿的思维水平,同时也能让幼儿转换单一的思维模式,提高自身的创造力和想象力。此环节教师利用了气泡图记录下幼儿的发现,让幼儿能清楚看到别人的发现以及自己的发现,画面简洁、一目了然,幼儿运用语言表述自己的发现。)

三、快板表演,利用桥型图理解儿歌内容

1. 颠倒乐园的工作人员将幼儿的发现编成了一首好听的儿歌。

2. 教师边演奏快板,边说出儿歌。(第一遍适当慢一些)

3. 教师指小图片,请幼儿说出对应的儿歌内容,初步认识桥形图。

4. 幼儿看着桥型图有节奏地说一说儿歌的内容。

5. 遮住桥型图中的某两个对应的图片,幼儿再说一说。

(评析:在幼儿积累了一些经验后,将幼儿的发现与儿歌内容相联系,利用桥型图以及快板,帮助幼儿通过视觉、听觉等,迅速记忆儿歌内容。先遮住儿歌的某两个对应的图片,让幼儿说一说,再遮住两个以上的图片,从易到难,逐步帮助幼儿学会儿歌。)

四、分组操作,利用桥型图创编新的儿歌

1. 瞧,这是一个不完整的桥型图。(桥上面有图片,桥下面没有图片)

2. 补全桥型图，教师演奏快板说儿歌，当教师的快板停在谁的头上，就请谁到前面去找一找和上面对应的图片，并说一说。（根据实际情况调整演奏快板说儿歌次数）

3. 幼儿看着完整的桥型图，一起说出儿歌内容。

4. 配班老师给每组小朋友准备了一份礼物，请幼儿坐到桌子旁边选择喜欢的动物、植物或人类图片，贴在桥型图上并说一说。（提醒幼儿桥型图的上面和下面是相对应的）

5. 以小组为单位展示贴好的图片，并说一说自己创编的颠倒歌。

（评析：此环节的创编活动，灵活运用了不完整的桥型图，让幼儿思考补全桥型图，巩固对桥型图的认识。最后，提供了桥形图操作材料，鼓励幼儿迁移前面的学习经验，自主思考、操作、讲述，进行主动的合作式探究学习。）

五、延伸活动

将自己创编的桥型图颠倒儿歌说给小班的弟弟或妹妹听一听吧！

（评析：幼儿的语言能力是在交流和运用的过程中发展起来的。应为幼儿创设自由、宽松的语言交往环境，鼓励和支持幼儿与成人、同伴交流，让他们想说、敢说、喜欢说，并能得到积极回应。作为延伸活动，此环节能够给幼儿提供适宜的环境，让幼儿大胆在别人面前交流。）

活动反思：

1. 导图辅助，提升思维能力。通过气泡图帮助幼儿清晰归纳所观察到的颠倒现象，桥型图的运用使儿歌内容更为通俗易懂。在创编儿歌时，运用了不完整的桥型图帮助幼儿回顾整个儿歌。整个学习过程，思维导图的呈现由易到难，使活动变得更加生动有趣，更能让幼儿接受。

2. 图标提示，提高语言能力。幼儿根据桥形图对应功能记忆儿歌内容，掌握儿歌的规律和学习方法。在小图标辅助和教师引导下，幼儿不仅能够说出儿歌内容，还记录了自己的发现。整个活动中，幼儿积极性高，表达欲望强。

3. 感受滑稽，体会幽默。在活动中，幼儿发现了许多有趣、不合理的事情，事情的颠倒让孩子感觉有趣幽默，而诙谐图片的巧妙运用，引发幼儿发现、寻找儿歌的规律，从而开阔、发散了幼儿思维，并进一步激发了他们对民间童谣的喜爱之情。

附儿歌：颠倒歌

颠倒歌，说颠倒，石榴树上结红桃，杨柳树上结辣椒，吹着鼓，打着号，木头沉到底，石头水上漂，小鸡叼了秃老鹰，老鼠抓住了大花猫，你说好笑不好笑。

大班语言活动：我最爱祖国

江苏省如东县鑫城幼儿园 石玲玲

诗歌《我最爱祖国》（附后）以幼儿在不同阶段对爱的不同理解为线索，抒写了对亲人、对家乡、对祖国的热爱之情。"爱"是幼儿园教育中永恒的主题，如何帮助幼儿理解并学习这首诗歌呢？我从大班幼儿年龄特点和认知水平出发，结合诗歌的艺术特色，利用思维导图建立活动的"红线"，合理安排活动环节，生动且有层次地展现诗歌内容，帮助幼儿理清诗歌脉络，条理清晰地建构语言经验，在积极、愉悦的体验中激发对祖国的热爱之情。

活动目标：

1.借助桥形图理解诗歌内容，知道小中大班不同的爱，能有感情地朗诵诗歌。

2.根据提供的小图标猜想创编，乐意用丰富的词语表达，体验自主学习的乐趣。

3.从身边小事做起，爱亲人、爱家乡，并萌生对祖国的热爱之情。

活动准备：

1.物质准备：空白圆形纸片和记号笔3份；折叠背景图，上面画有树形图符号、贴有子母贴；3种大小不同的自制桥形图操作底板、与诗歌内容相匹配的小图标；以《我爱你中国》为背景音乐的诗歌朗诵录音。

2.经验准备：积极参与"中国娃"主题活动，对祖国有一定的了解和认识。

活动过程：

一、神秘出示"？"，引发幼儿思考、提问

师：小朋友们看，这是什么？它表示什么意思？

教师打开背景图第一排折叠的部分，神秘出示"？"，引导幼儿自由提问。

师：石老师看到问号也有问题想问，你现在上什么班？上学期呢？刚进幼儿园的时候呢？

师：老师这里有三张圆纸片，谁能用符号表示"小""中""大"三个标记？

教师出示三张空白圆形纸，请三位幼儿用图画表征三个标记，随后打开背景图第二排折叠部分，出示倒立的"树形图"，从左往右依次贴上"小""中""大"标记。

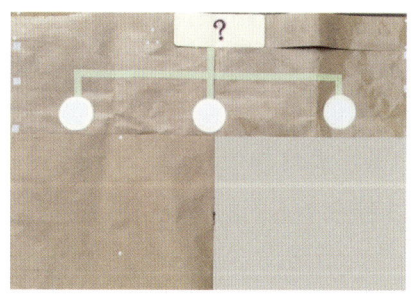

（评析：活动开始，教师用"?"激发疑问，活跃思维和气氛，再过渡到教师发问，幼儿回答，触发幼儿大中小班的生活经验。此环节充分营造了轻松、愉悦的语言氛围，为后面环节的顺利开展做了充分铺垫。）

二、观察桥形图，理解诗歌中"小班"部分的内容

师：从小班到大班你最爱谁？最喜欢什么？

教师边指树形图边提问，个别幼儿回答后，出示小女孩图标。

师：老师这里有个刚上大班的小朋友，她的想法和你们一样吗？一起来听听。

教师朗诵诗歌第一部分后，打开背景图第三排折叠部分，在"小"的标记下面贴上桥形图，提问"你听到了什么"，并根据幼儿回答在桥形图上粘贴对应的小图标。

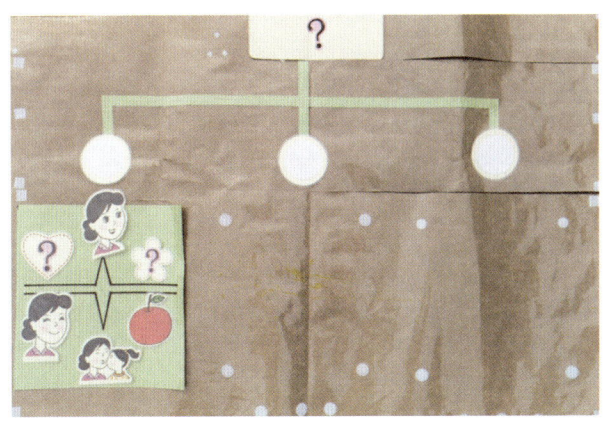

师：看，诗歌内容变成了一张张小图标，它们讲的是什么时候的事情？这个爱心和问号是什么意思？谁问的？

师：原来这是小班时候的事情，小女孩怎么回答的？是哪个小图标？表示什么意思？

师：妈妈听了有什么反应？她是怎么做的？是哪一幅图？

师：刚才妈妈问了几个问题？先问什么，再问什么？这两个小图标的下面有个标志符号，像什么？它叫"桥形图"，妈妈和小女孩一问一答，问题在桥上，答案在桥下。

教师指小图标，请幼儿说出对应的诗歌内容，初步认识桥形图。

（评析：本环节教师抓住诗歌中的问题线索展开，将诗歌内容直接作为问题提出，并巧妙利用桥形图展示出来，简洁明了，重点突出，大大减轻了幼儿认知和学习的负担。）

三、分组操作，利用桥型图自主创编诗歌中"中班"和"大班"的内容

师：桥形图可以帮助我们理解、记忆诗歌。那小女孩在中班、大班的时候最爱谁？最喜欢什么呢？我们一起来听听。

教师播放配乐诗歌后，介绍操作材料和要求。

师：后面桌上准备了桥形图和小图标，请你根据诗歌内容自己去贴一贴、摆一摆。注意看是谁在提问，讲的是什么班的事情，先问什么，再问什么，可以怎么贴。

师：小女孩的回答是什么呢？爸爸（老师）听了是怎么做的？应该贴在哪里？

幼儿分组操作，教师有针对性地巡回指导，提醒幼儿对照小班图标进行讨论、思考，并将小图标按照诗歌内容的顺序贴到桥形图的对应位置。

（评析：此环节打破"一讲到底"的教学方式，也没有采用"一问到底"的教学模式，而是通过提供桥形图操作材料，创造自由、自主学习的机会，鼓励幼儿迁移上一环节的学习经验，自主听完诗歌，思考、提问、回答、操作，进一步理解诗歌内容。）

四、检查比对，借助桥型图师生有感情地完整朗诵

师：注意倾听诗歌，和你们的操作对比一下，发现了什么问题？谁来调整一下？

教师播放配乐诗歌，幼儿结合诗歌中、大班内容调整小图标。

师：小朋友们不仅学会了倾听，还能对照诗歌内容完成图标操作，有的还能发现桥形图里儿歌的规律，真棒！现在，我们看着小、中、大班三幅桥形图把诗歌完整地朗诵一遍。

师：这一次朗诵哪里有困难？应该怎么说？有感情朗诵时，我们需要注意什么？

师生集体朗诵，鼓励幼儿自主发现朗诵时出现的问题并及时解决。

（评析：此环节幼儿更多的是感受到温馨的爱的氛围，体验到内心情感的冲击。与诗歌内容相匹配的小图标、温情的《我爱你中国》背景音乐的渲染，让幼儿一下子沉浸到诗歌情境中，感受到浓浓的家乡情和对祖国妈妈的爱。）

五、猜想诗歌名称，趣味游戏巩固内容

师：小女孩在小班、中班、大班时最爱的人和最喜欢的事一样吗？神奇的桥形图把三年的故事连在一起，就是我们精彩的幼儿园生活。学习到现在，这首诗歌还少什么？

师：咦，这个"？"里好像有秘密，谁来揭开它？这几个小图标是什么意思？

请一幼儿上前揭开"？"，幼儿观察图标猜想诗歌名称。

师：有了名称，我们的诗歌就更完整了，一起看着小图标来说一说吧！

师：现在神奇的桥形图想和小朋友们玩"躲猫猫"的游戏，当我说"躲猫猫"时请你们把眼睛闭起来，当你听到"猫猫躲"就睁开眼睛。

师：快看，桥形图上什么图标被藏了起来？你们可以完整地朗诵诗歌吗？

师生看图标配乐朗诵诗歌后，任意翻转小图标，趣玩"躲猫猫"游戏2~3遍，直至所有图标都翻转过去。教师注意提醒幼儿根据难易程度改变朗诵速度。

（评析：此环节中利用"躲猫猫"游戏翻减图标，幼儿朗诵诗歌，充分挑战了幼儿建构的已有认知，巩固强化了幼儿的学习。）

六、出示长卷桥形图，萌发爱祖国情感

师：没有小图标的提示，你们都能有感情地朗诵诗歌，看来是真的学会了。想一想这首诗歌分成了几段？你最喜欢哪一段？为什么？

师：我们的祖国，除了国旗、国歌，还有什么值得我们骄傲和自豪的？

师：你们讲的故事感动到我了，老师这里有个长卷，谁来打开？这些你们都认识吗？他们都是我们中国人的骄傲，回去试着在桥形图下画出你爱他们、喜欢他们的理由吧。

在《我爱你中国》音乐背景下，教师邀请两名幼儿打开桥形图长卷，引导幼儿说出心中自豪而骄傲的人和事，激发幼儿的爱国情感。

（评析：此环节是前面学习的延展，教师顺势出示桥形图长卷，在与幼儿互动中，自然引出"自豪""骄傲"的人和事话题，进一步建立了幼儿生活经验与语言之间的联系，强化了幼儿对祖国的热爱之情。）

活动反思：

1. 导图辅助，"图像记忆"提升思维能力。本次活动借助树形图和桥形图，建立"教"与"学"的思维脉络，在操作中归纳出桥形图的作用——问题在"桥"上，答案在"桥"下，厘清诗歌内容的问答关系。整个学习过程，思维导图的呈现从无到有，层层递进，将原本枯燥无味的诗歌活动变得生动有趣，具有浓厚的游戏色彩。幼儿自主内化诗歌内容，提升对诗歌学习的兴趣和期待。

2.图标提示,激活幼儿语言和思维。根据幼儿认知的形象化特点,将语言学习与认识图标结合起来,巧妙设计折叠式背景图,用图标直观地呈现诗歌语言符号所表达的内容。引导幼儿根据桥形图对应功能记忆诗歌内容,掌握诗歌的规律和学习方法。活动中,教师设置了四个不同层次的学习,在小图标的辅助和教师的引导下,幼儿顺利地穿行在已有经验和诗歌语言、情境之间。同样的图标提示,难度不同,形式各异,充分调动了幼儿参与的积极性。

3.体验参与,氛围烘托中领悟情感。整个活动,从理解诗歌、感情朗诵、创意表达三个方面展现了幼儿参与的积极性。师生看图有感情朗诵,手持长卷温情倾诉,这些过程不仅是一次语言能力的培养,更激发了幼儿从爱家人、爱家乡,最后到爱祖国情感的升华,进一步调动师生沉浸于诗歌整体意境中。音乐等资源的烘托为幼儿学习语言、接受情感熏陶,提供了重要的支持和引导作用,反过来又进一步丰富了诗歌语言的意蕴,加深了幼儿对祖国之爱的理解。

附诗歌:我最爱祖国

小班的时候,妈妈问我:/你最爱谁?你最喜欢什么?/我说我最爱亲爱的妈妈,/最喜欢红红的苹果。妈妈的脸上笑出了酒窝,/使劲地亲我。

中班的时候,爸爸问我:/你最爱谁?你最喜欢什么?/我说我最爱解放军和爸爸,/最喜欢家乡的山河。/爸爸张开了双臂,/高高地举起了我。

现在,我上大班了,老师问我:/你最爱谁?最喜欢什么?/我说我爱我们的祖国,/最喜欢国旗、国歌。/老师点点头,/说我长大了。

(本活动设计刊发于《早期教育》2022年第3期,系南通市教育科学"十四五"规划课题"'看见·成长':幼儿园视觉化学习环境建设实践研究"的阶段性研究成果)

大班韵律活动：猴子学样

江苏省如东县海韵幼儿园 王桂云

大班韵律活动"猴子学样"，乐曲来自《国家宝藏》专辑中《桃夭》，是作曲家关大洲根据《诗经》中《桃夭》"桃之夭夭，灼灼其华。之子于归，宜其室家"的寓意创作而成。表达的是桃树上开满了粉嫩的桃花，美丽的姑娘要出嫁了，美好的新生活就要开始了。

乐曲风格俏皮灵动，诙谐幽默。运用了江南民歌《茉莉花》的旋律进行加花变奏，表现出春日一派桃之夭夭、灼灼其华的欣欣向荣景象。采用琵琶紧促的短音，笛子的应和，打击乐器的三两声，好似描绘了一个精灵古怪、活泼开朗又俏皮的踏青女子，又像是一群调皮可爱的、爱模仿的机灵猴，让人忍俊不禁。因此，本次韵律活动选用传统经典故事《猴子学样》与《桃夭》相匹配，将前世传奇与今生故事紧密结合，让人在琴瑟管弦辉映间入情入境，让师生在故事中理解音乐，在经典音乐中再现经典故事。

活动目标：

1. 在听一听、画一画中感知音乐的故事情境，表达乐曲的乐句和段落的变化。

2. 创编老爷爷向猴子要回帽子时的不同表情、动作，合作完成角色主从动作的表演。

3. 感受和表现乐曲幽默风趣、活泼欢快的风格特点，体验在音乐中进行戏剧扮演的乐趣。

活动准备：国家宝藏栏目《桃夭》剪辑版；制草帽及箩筐；空白图谱展示板（师生现场绘画）。

活动过程：

一、教师在音乐中画出音乐内容框架，幼儿初步感知音乐

1. 听音乐绘画故事路线图。

指导语：今天，老师带来一首会讲故事的音乐，你们一边听，我一边把故事画出来，你们猜猜发生了什么事？（播放完整乐曲）

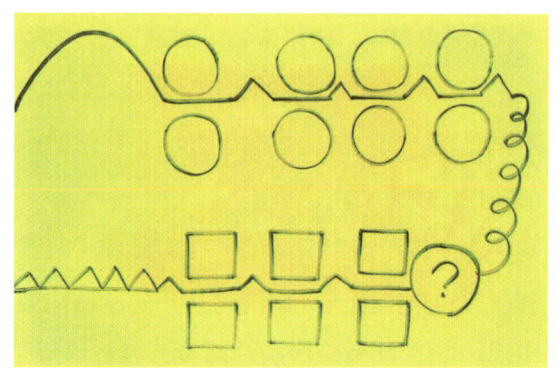

（评析：活动开始，幼儿边听乐曲，边观看教师即兴随乐画出的音乐桥形图情境框架，让音乐的结构可见，这样视听结合的开端更能激发起幼儿的好奇心和想象力，唤起幼儿参与活动的兴趣，并对音乐作品的节奏、旋律也有了初步的印象。）

2. 理解故事情境中的角色。

指导语：原来是山脚下草帽爷爷和山上面一群爱模仿的小猴之间的故事。

指导语：为什么叫草帽爷爷呢？因为他会做各种各样漂亮的草帽。

指导语：山上的小猴会经常模仿谁呢？当然是老爷爷。老爷爷扫地，小猴也扫地，老爷爷咳嗽，小猴也咳嗽，爷爷挑担子，爷爷睡觉呢……老爷爷做什么动作，小猴就学什么动作。

（评析：利用桥型图和动作让幼儿了解音乐中角色之间的关系，知道小猴子具有爱模仿人的特性，为后面故事情节的发展做好铺垫。）

二、感知并表现 A 段音乐

1. 根据故事 A 段内容，听音乐做动作，并现场记录在图谱上。

（1）教师示范表演。

指导语：有一次，爷爷做了很多草帽挑着担子到集市上去卖，却发生了一件有趣的事。我们一起来听一听看一看。（播放音乐 A 段，教师表演 4 个动作：挑起担子卖草帽、头上全是汗、累了困了想休息、放下担子盖上一个草帽睡一觉。）

（2）记录图谱动作。

指导语：你们看到了什么？谁学谁的动作？爷爷做了哪些动作呢？你还记得顺序吗？我们把它记录下来。

（评析：幼儿通过观看教师的示范表演，了解 A 段音乐中老爷爷表现的 4 个动作和小猴模仿的动作相一致，师生通过讨论，共同在桥形图上下对应的圆圈中画出老爷爷和小猴子的简单动作，不追求绘画技巧，只要师生"看得懂"就行。经过这样的图像化处理，幼儿对音乐的理解更具体形象了。）

2. 听音乐分角色在座位上表演。

（1）教师扮演老爷爷，幼儿扮演小猴子，学会主从式表演。

指导语：老师觉得你们特别像那群可爱的小猴子，老师就像那位草帽爷爷，我们来表演表演怎么样？我说一句，你们学一句。

（2）交换角色，幼儿记忆动作顺序。

指导语：我也想做小猴，你们会做老爷爷吗？你们做，我要仔细看。

3. 幼儿在场景中分角色表现。

指导语：现在我在山脚下，你们在山上，我要准备卖草帽去了，小猴子在山上排好队了吗？音乐响起，爷爷做完一个动作你们再学哦！我做动作你们看，我做完了你们学。

（评析：桥形图的运用，让幼儿真正理解了乐曲的旋律和节奏，即每个乐句的上半句和下半句相互应和的特点，就好像是老爷爷做什么小猴子就学着做一样。教师从扮演老爷爷到扮演小猴子让幼儿从模仿学习到自主表现，逐步减小学习难度，充分感知和表现音乐。）

三、感知表现B段音乐内容，想象并创编动作

1. 幼儿倾听B段音乐，猜测音乐内容。

指导语：接下来会发生什么事呢？我们一起来听一听。

2. 师生讨论分析B段内容。

指导语：老爷爷一觉醒来发现帽子被小猴子们拿走了，啊，这可怎么办？老爷爷急坏了，他会怎么做呢？（小朋友听音乐自由创编动作）

3. 创编动作并记录在图谱上。

指导语：你能把动作画出来吗？

（评析：此环节幼儿通过自己倾听音乐，做出瞪眼、张嘴、跺脚、叉腰、追逐等表情和身体动作来表现老爷爷着急的样子，选出最具代表性的两个动作在桥形图上熟练地一一对应画出来，再随B段音乐表演，幼儿显得更加自信了。）

4.幼儿和教师猜想交还帽子的方法。

（1）幼儿猜想。

指导语：小猴子会把帽子还给爷爷吗？什么办法才能让小猴子交出帽子呢？谁有好的办法？

（2）幼儿如果没有好办法，则由教师示范动作，幼儿记录。

指导语：还是老爷爷最有办法，你们看他做了什么？（教师表演）

（评析：幼儿基于自身的生活经验，大部分人认为只能用猴子喜欢的香蕉或者生气跺脚等方法要回帽子。对于从未听过这个传统故事的幼儿来说，基本猜不出结果。因此，本环节根据现场幼儿的具体情况进行下一步活动。如果幼儿能想象出较为合理而有趣的答案则随幼儿进行，若没有，即通过教师的示范表演将活动推向高潮。）

四、完整欣赏和表现音乐内容

1.完整看图边听音乐边做动作，了解音乐和故事情节。

指导语：原来这首好听的音乐讲的是猴子学样的故事，一起来看图谱听

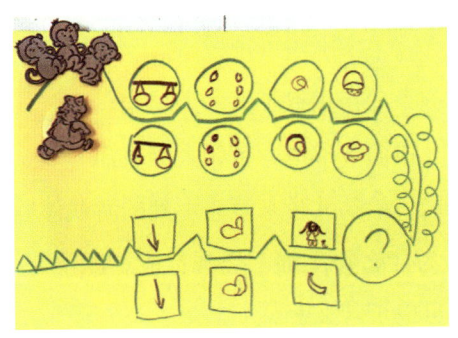

音乐。

指导语：现在男孩子做山脚下的老爷爷，女孩子做山上的一群小猴，用动作演一演。

（评析：在分段欣赏的过程中，师生共同完成了桥形图，为了能将音乐和故事融合在一起，有必要让幼儿在桥形导图的指引下完整地、专注地倾听音乐。）

2.加入草帽道具变换队形进行表演。

（1）教师扮演老爷爷，带领幼儿在圆圈上进行完整表演。

指导语：今天老爷爷做了很多漂亮的小草帽，准备到东山的集市上去卖。这是一座圆形的山，你们要不要去？圆圈里面是山下，圆圈外面是山上，当老爷爷在山脚下睡着的时候，小猴悄悄拿走帽子去椅子上睡觉，不能被发现哦！

指导语：刚才，爷爷在圆圈中间睡着时，小猴在哪里睡着了？小猴子要听好音乐，老爷爷做一个动作小猴子学一个动作。

（2）邀请一位幼儿扮演老爷爷，带领大家表演。

（3）改编故事结局，给幼儿带来意想不到的游戏体验。

指导语：小猴子为什么每次都上当呢？能不能不上当？哪个动作我们不做就不上当呢？我们可以干什么？

指导语：邀请一位配班老师做老爷爷，和幼儿悄悄商量决定不上老爷爷的当了，最后不学老爷爷把草帽扔地上，悄悄溜走。

（评析：给每个幼儿准备了一顶自制的小草帽，将椅子围成圆圈，圈内为山下，圈外为山上，一方面老爷爷在圈中表演时，圈外的每只小猴子能看清动作便于模仿，另一方面椅子也可以是小猴子模仿老爷爷在大树下睡觉的道具，这样的精巧构思让师生表演更投入、更真实。）

五、结束部分

提示语：小猴子们别走，这个小草帽是爷爷专门为你们小猴子定制的。今天我也不去集市了，跟我一起回家吧！小猴子们一起感谢爷爷，把小草帽顶在头上，听着音乐离开。

（评析：一个简单的结尾却充满温情，体现人与动物和谐相处的美好愿望，在孩子幼小的心中播种下爱的种子。）

活动反思：

一、桥形导图，在绘画中建构"可视化先行组织者"

桥形图作为"先行组织者"为本活动提供了思维框架，桥型图的结构与本乐曲的结构、故事情节完美融合，乐曲上下句对答呼应节奏旋律与《猴子学样》中老爷爷做什么动作，小猴子就学什么动作的情境高度匹配。桥型图的巧妙运用，不仅帮助幼儿梳理音乐（故事）上下对应、类比排列的逻辑关系，让音乐整体结构可见、可感、可操作，达到"音事相融"，即音乐和故事的完美呈现，还为幼儿留出了更为广阔的自主学习、创新学习的空间。

二、具身体验，在运动中感受音乐

达尔克罗兹就儿童的音乐学习特点发出了"音乐即运动"的宣言，这里的"运动"是幼儿合乐的身体动作表演。幼儿从一开始自由表现生活中老爷爷扫地、咳嗽、睡觉、打呼等"一般生活动作"开始，逐步过渡到模仿和想象老爷爷在情境中的象征性动作。

在感知并表现A段音乐一群小猴跟随老爷爷卖帽子的情景时，教师通过示范表演、幼儿记录图谱动作、听音乐师生角色表演三个环节来组织。在师生合作记录导图的过程中，幼儿能自主选择想象的动作、表情并现场"填画"在桥型图上，根据图示表征，减小了动作表演难度，让幼儿更多聚焦在对音乐的感受之中。

在感知并表现B段音乐老爷爷想尽办法要回帽子的情境时，教师借助示范表演，给孩子搭建学习的阶梯，让幼儿通过看表演、猜故事、画动作、演故事的方式，理解音乐，表现音乐，同时师生共同完成了桥形导图，这种被教师和幼儿通用、活用的"导图"技术，是更适合幼儿的、高级的应用策略，是视觉思维、听觉思维与逻辑思维的完美融合。

三、完整欣赏，在游戏中表现创造

首先，道具草帽加入，让音乐形象更为具象化。不仅激发了幼儿表达的欲望，还充分满足了幼儿的真实性审美需求。

其次，游戏融入，让音乐情境更为生动。幼儿在老师带领下，借力可视化思考路径进行简单有趣的模仿，并随音乐节奏合拍表现。如老爷爷挑担时汗流浃背、疲惫犯困的动作以及爷爷不见帽子时生气动作与表情的变化等等，不断积累和丰富幼儿的生活经验和创造表现能力。

最后，空间"妙变通"，让游戏过程更为丰富。活动中幼儿半圆形围坐，教师能关注到每一位幼儿，同时半圆形又像一座山，可以把山上的猴子和山下的老爷爷的不同空间分隔开，便于师生表演；在完整表演时，幼儿自然将椅子围成圆形，圈外是山上，圈内是山下，幼儿围在老爷爷的周围学动作、拿帽子、学睡觉等，师生巧妙地完成表演，减少了多余的讲解，便于教师有效组织，为幼儿营造了一个宽松、愉快、简约、自由的游戏氛围。

四、剧情翻转，在和谐友爱的氛围中结束活动

为了让幼儿通过不同的游戏来感知音乐，避免出现不断重复表演而产生的疲倦、单调与无趣场面，同时又能让孩子们淋漓尽致地表现出小猴子聪明调皮的个性，教师用一连串问题来引发幼儿思考，即小猴子为什么每次都上

当呢？能不能不上当？哪个动作我们不做就不上当呢？教师和小朋友一起商量，最后决定不学老爷爷把草帽扔地上的动作，悄悄溜走。此时，老爷爷的一句话让剧情有了一个大反转，让小猴感到惊讶又温暖："小猴子们别走，这个小草帽是爷爷专门为你们定制的。今天我也不去集市了，跟爷爷一起回家吧！"温暖友爱的结尾让师生愉悦舒畅，活动圆满收场。

整个活动中，幼儿快乐自信、积极主动、乐于表达、自主创新，形成了良好的个性品质和学习品质。同时，思维导图的运用，使得幼儿获得了对音乐整体把握的能力，应用多种符号表征进行思考和表达的能力，而这些能力，不仅是审美思维、审美创造的基本能力，也是科学思维、科学创造的基本能力。

（本活动为江苏省教育科学"十三五"规划课题"民族经典音乐在幼儿园韵律活动中应用的案例研究"的阶段性研究成果）

大班韵律活动：编花篮

江苏省如东经济开发区中心幼儿园　缪小阳

《编花篮》是一首具有鲜明地方色彩的河南民歌，曲调优美，活泼欢乐，歌曲讲述的是人们编花篮、赏花、摘花的过程，充满了浓郁的劳动生活气息。教师充分挖掘歌曲在韵律活动中的价值，结合歌曲表达的情境，创编贴切的故事，尝试利用思维导图，帮助幼儿理解音乐特点、把握舞蹈结构、厘清动作顺序、关注队形变化，引导幼儿自主尝试、合作游戏，在共同商讨中发现问题并尝试解决问题，获得成功体验的同时感受河南音乐的独特之处。

活动目标：

1.欣赏河南民歌《编花篮》，感受歌曲明朗欢快的旋律和浓郁的地方特色。

2.尝试多人合作编花篮、创编花的造型，借助思维导图逐步建构完整的舞蹈。

3.体验和同伴合作表演的愉悦感,享受发现问题并能解决问题的成就感。

活动准备:音乐《编花篮》、课件、人手一朵手腕花。

活动过程:

一、感知歌曲旋律,激发舞蹈兴趣

1.用"花"的方式和客人老师打招呼。

2.随乐欣赏各种各样的花。

3.尝试创编花的造型。

(评析:活动一开始,让幼儿变身为花和老师互动的方式一下子调动了幼儿的兴趣,随后的视频欣赏中多彩的牡丹、多样的花儿又一次吸引了幼儿的眼球,声、像结合的方式帮助幼儿熟悉音乐、积累经验,接下来,让幼儿创编花的造型则水到渠成。)

二、了解音乐结构,熟悉基本动作

1.了解舞蹈的基本动作。

教师指导语:你看懂了哪个动作,这是在干什么?

 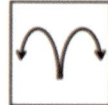   

2.随乐做动作。

教师指导语:到了花开的季节,人们就会编一个漂亮的花篮,用于赏花,我们也来编一编吧。

3.了解音乐结构。

教师指导语:编花篮的动作做了几遍?看见了几朵花?

4.幼儿再次舞蹈

(评析:以问题为支架,激发幼儿好奇心,幼儿带着问题倾听,初步了解歌词并结合歌词创编动作。简易明了的图标，帮助幼儿更好地记忆动作顺序。）

三、两两合作舞蹈

1. 幼儿根据图示自主尝试排队形。

教师指导语：一个人看花有点儿孤单，约个朋友一起去吧。

教师指导语：（出示队形图）看看他们是怎么去的？

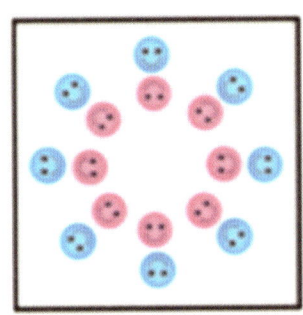

2. 加入队形，随乐舞蹈。

（评析：此环节的重点是双人合作编花篮，教师引导幼儿观察队形图，鼓励幼儿自主尝试变换队形，活动中注意幼儿在前、教师在后。适时出现的红、蓝两种颜色的手腕花，有效地帮助幼儿分配角色、找准站位，化解了队形变换的难度。）

四、根据图标尝试轮流开花

1. 理解图标。

教师指导语：看得懂吗？需要注意什么？他们是怎么站的？

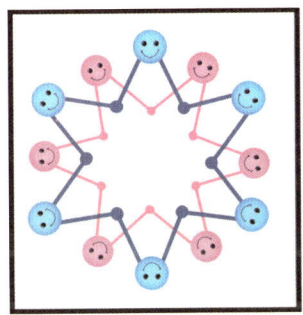 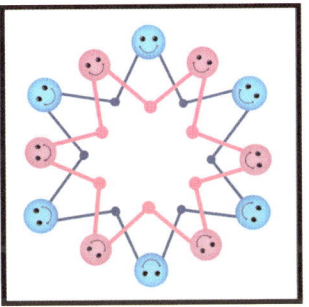

2.幼儿尝试合作变队形。

3.说说合作中出现的问题，讨论解决方法，再次尝试。

4.欣赏教师合作开花的视频。

（评析：集体合作开花是本节活动的难点，教师提供两张动作图标，引导幼儿"找不同"，从而发现集体开花的秘密。在幼儿合作尝试的过程中，教师始终扮演观察者，给幼儿充足的时间和空间。在幼儿遇到难题时，引导幼儿观看合作开花的舞蹈视频，及时提供经验分享，幼儿观察、提炼并调整，最终完成整个舞蹈的编排，体验到成功的喜悦。）

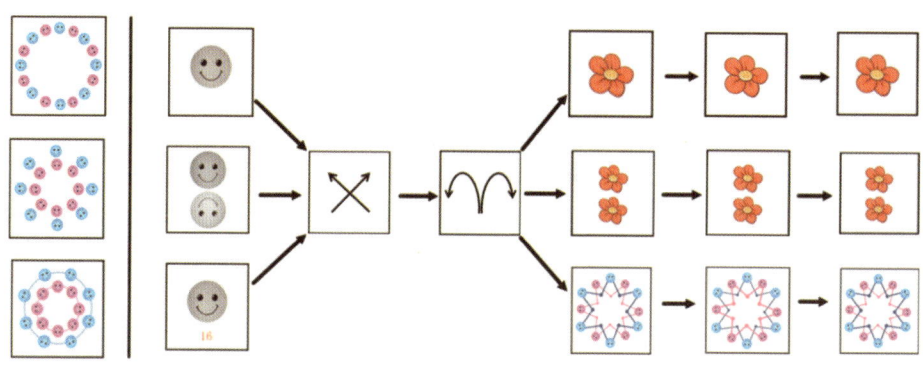

五、结合思维导图，完整舞蹈

1.教师指导语：刚刚，我们把河南的一首民歌《编花篮》编成了好看的舞蹈，看看一共有几段？每一段做什么？

2.听音乐，幼儿完整舞蹈1~2遍。

（评析：思维导图的完整呈现，帮助幼儿有序、清晰地梳理舞蹈结构，在完整的舞蹈过程中，幼儿体验到劳动舞蹈的热情欢快，活动氛围也被推到了最高点。）

活动反思：

1.思维导图巧利用。

活动中，教师巧妙地利用思维导图，搭建幼儿学习舞蹈的支架，帮助幼儿厘清音乐结构、动作顺序以及队形变化。思维导图从动作到队形，逐一累加，层层递进，给幼儿提供挑战的机会，激发幼儿不断探究的欲望，在最后一次合作挑战中，幼儿通过两幅图的细节对比，发现集体开花的秘密，经过多次尝试后最终完整呈现整个舞蹈，孩子们体验到幸福与成功的快乐，学习思维品质也得以提升。

2.唤醒经验巧支持。

活动中，教师摒弃"教"的痕迹，始终立足于"儿童本位"，采用开放式的提问，如："怎么合作""你想怎么做""还可以怎么做""你们自己来想办法"等等唤醒幼儿探究意识，引导幼儿自主尝试、合作游戏，在共同商讨中发现问题并尝试解决问题。当幼儿遇到难题时，教师适时提供小视频，幼儿观察、讨论后尝试调整自己的位置，最终获得成功。整个活动中幼儿愿交往，爱思考，守规则，能创造，增信心。

（本活动为江苏省教育科学"十三五"规划课题"民族经典音乐在幼儿园韵律活动中应用的案例研究"的阶段性研究成果）

元宵庆祝活动：思维导图让猜谜活动更有趣

江苏省如东县岔河幼儿园　韩周琴　朱秀梅

传统的元宵节活动，幼儿园都会组织亲子游园会，其中必有猜谜环节，家长说谜面，幼儿猜谜底，大家其乐融融。而今年的庆祝元宵活动，因为疫情原因，家长们无法进园，那传统的猜谜活动还能进行吗？幼儿园及时组织教师进行审议，审议后决定将活动的主动权交给孩子们，看看孩子们对猜谜活动有什么好的建议和想法，鼓励孩子们为节日庆祝活动出谋划策。

一、用思维导图设计图文谜面

通过和孩子们的讨论，大家一致决定猜谜活动照常进行。但如何设计让小朋友们一看就能明白，一想就能猜到的谜面呢？根据大班孩子的已有经验，班级教师引导他们用思维导图的方式设计个性化图文表征谜面，看看哪个小朋友设计的谜面最有趣。一场围绕谜面设计的活动由此拉开了帷幕，孩子们不仅设计了多个种类的谜面，还给每个谜面都编上号，然后悬挂在幼儿园门厅内，邀请全园孩子一起通过图文提示猜灯谜。看看孩子们设计的谜面吧！

水果类谜面：

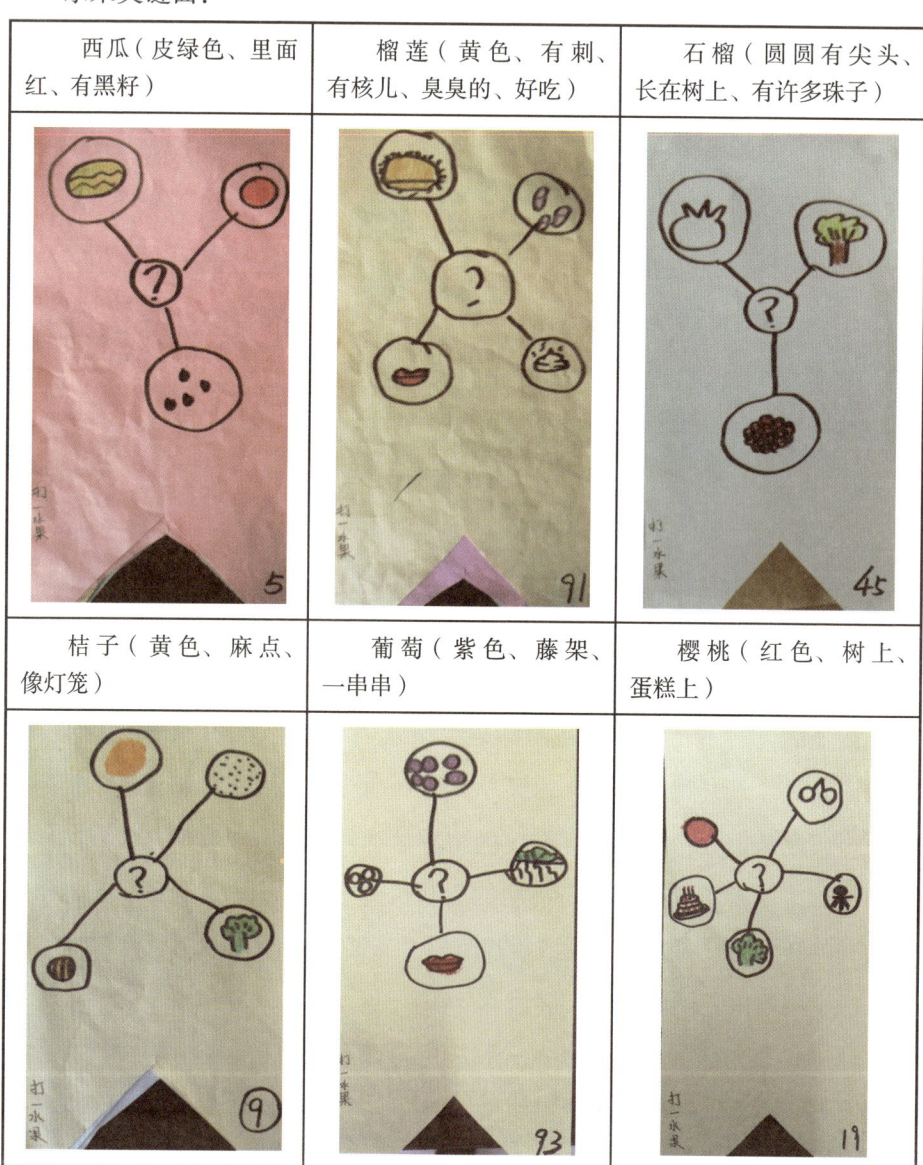

动物类谜面：

熊猫（吃竹叶、圆脑袋、黑白斑）	蜘蛛（织网、八条腿、产卵、身体咖啡色）	猴子（褐色、吃桃子、香蕉、长尾巴、爬树）

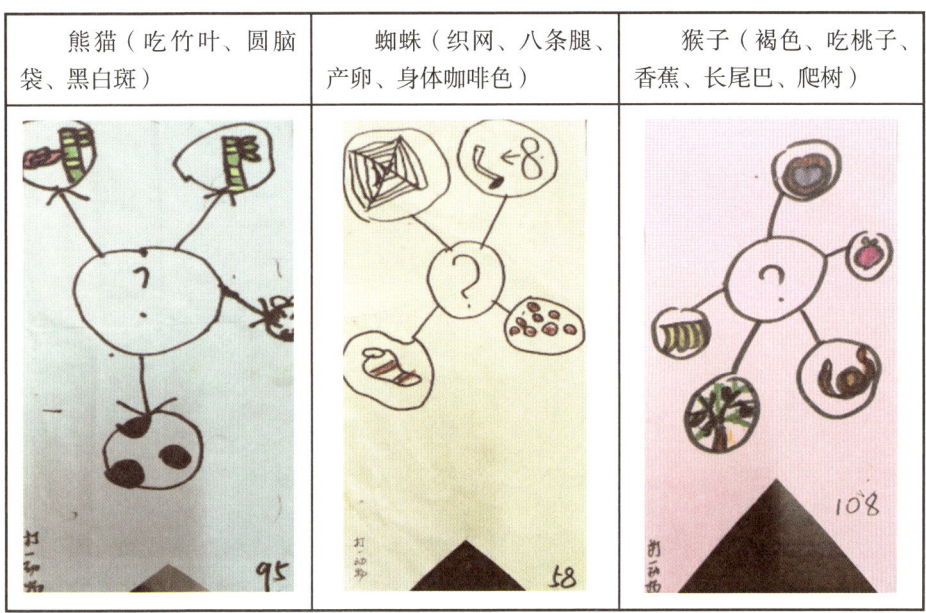

职业类谜面：

厨师、糕点师（蔬菜、厨师帽、工具、糕点……）	警察（警帽、勇敢有力气、抓坏人）	医生、护士（红十字、护士帽、配药、打针）

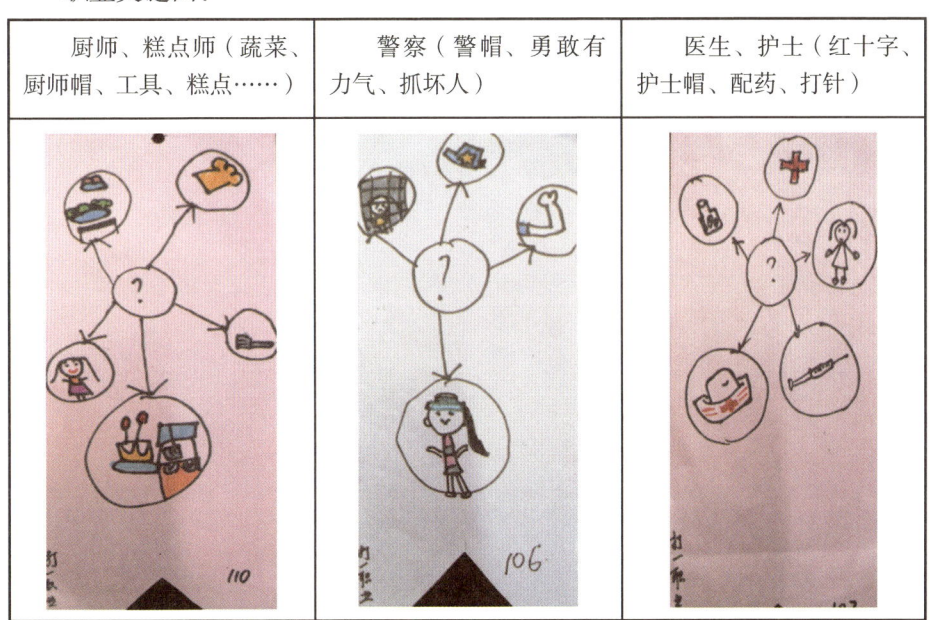

239

生活用品类谜面：

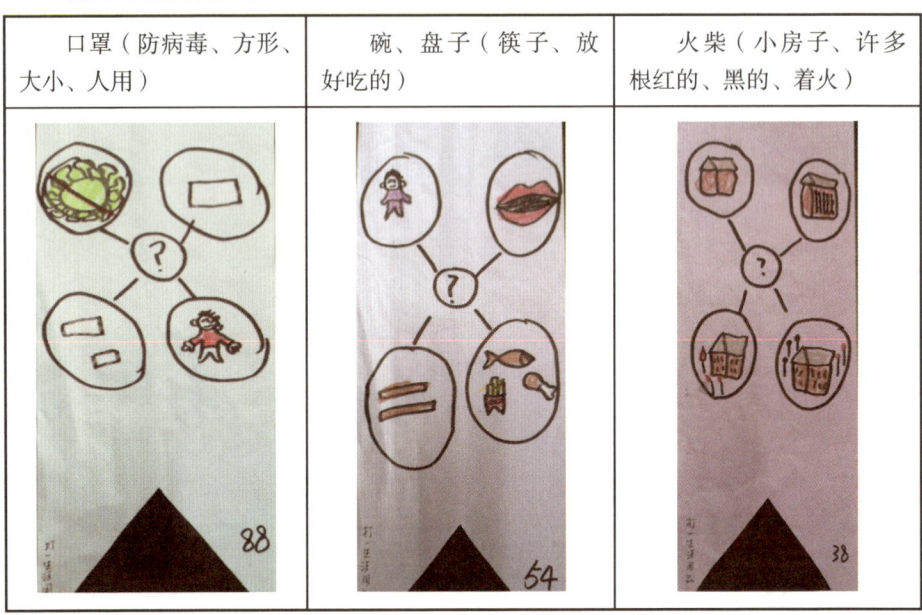

交通工具类谜面：

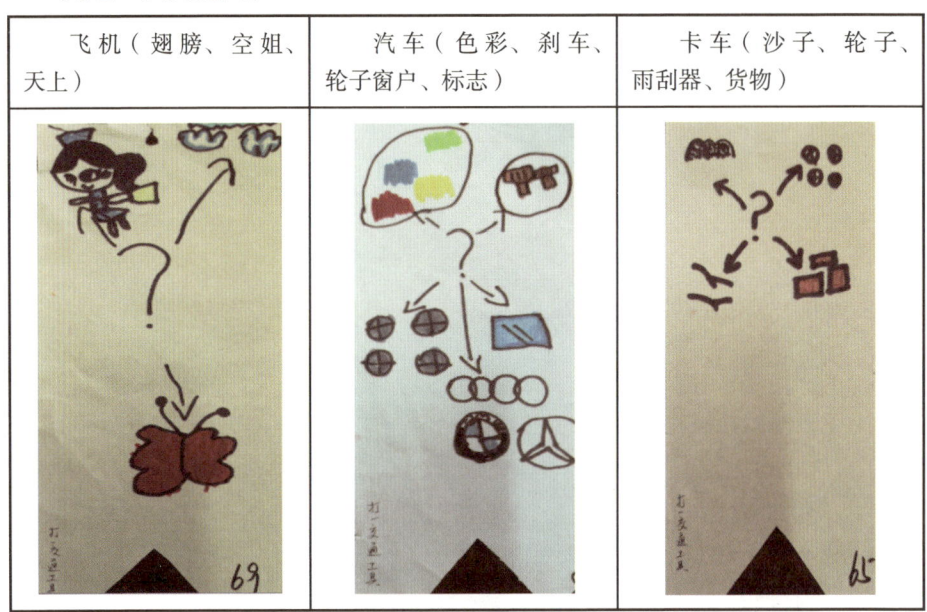

240

二、猜谜中的记录与表达

元宵节猜谜活动如期举行，为了让猜谜活动有趣且有意义，同时了解班级幼儿的猜谜情况，教师为幼儿提供了猜谜记录单，幼儿边猜谜边把自己猜中的谜语编号记录下来，猜中一个谜语，教师奖励一

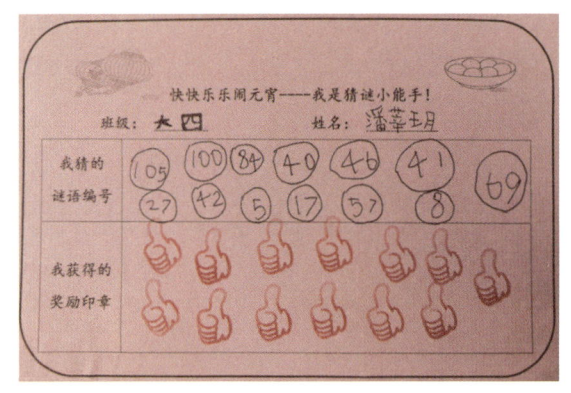

个大拇指印章。集满了10个大拇指印章可兑换一颗糖果。孩子们参与的积极性特别高，一个人或和好朋友一起，一边猜谜一边交流，还互相比比谁得到的大拇指印章多。活动结束后，教师还组织幼儿用思维导图回顾整个活动。

大二班玮玮说："元宵节我们过得真开心，和小伙伴做灯笼、挂灯笼、吃汤圆；谜面也是我自己设计的，我把谜面挂到灯笼下面，这样大家就可以看着上面的图猜谜了；我带着弟弟妹妹去猜灯谜，猜对了好多谜语，还兑换了我喜欢吃的糖果，最后我们还拉了兔灯和好伙伴一起溜兔灯……真有趣！"

大四班诗雨说:"元宵节老师讲了关于元宵节的习俗,我们做了红包灯笼,然后挂灯笼、画谜面、挂谜面,我们先猜谜语,然后带弟弟妹妹猜谜语,还到老师处兑换猜谜糖果奖励,最后拉兔灯游园,吃了彩色的汤圆。"

大三班夏溪说:"元宵节我们先做灯笼,然后挂灯笼,设计邀请函,送邀请函到中班邀请他们参加猜谜活动,我们先猜灯谜,比一比谁猜的谜语多,换的糖果多,我得到了三块糖果,然后带弟弟妹妹猜灯谜,我讲给他们听,和他们一起猜灯谜,最后我和小伙伴一起溜兔灯。"

孩子们的元宵节故事还有很多,他们用圆圈图、流程图记录下了自己的节日回顾,并在集体、小组面前进行分享,他们自信满满,快乐无比!

后　记

幼儿园视觉化学习环境建设的实践与思考

江苏省如东县教师发展中心　唐海燕

如东县自2019年把思维导图引入幼儿园环境与课程建设以来，不仅转变了大部分教师的环境观、教育观、课程观、儿童观，还在一定程度上解放了教师的时间，促使教师把更多时间和精力用于观察儿童的学习与需要，与此同时，把儿童也深度纳入环境与课程建设中来，使得他们真正成为环境与课程建设的主人，成为主动的学习者、思考者、表达者。然而任何一个新生事物的出现，它总是要经历一个从不完善到逐步完善，从不理解到逐步理解，从不认同与逐步认同的过程，这个过程有些痛苦、有些纠结，有时候甚至还会出现"一夜回到解放前"的现象。在这螺旋上升的过程中，如东幼儿园的班级环境、课程建设还是呈现出了如东特有的样态，成为了全省乃至全国很多地方教师学习与模仿的对象。为促使广大一线幼儿教师在运用思维导图建设环境与课程时更为自觉、更为科学、更为理性，我结合如东教师在视觉化学习环境建设中形成的经验和出现的问题，从以下方面做些补充与强调，以期能给教师带来更多的帮助，引发教师更多的思考。

一、要始终坚守儿童是班级环境建设的主人

我的班级我做主，儿童是班级的主人，因而儿童理应是班级环境与课程建设的主人。虽然老师们有了这样的理念，在实践过程中，也能努力彰显儿童的主体地位。比如大部分教师能追随儿童的兴趣和需要创生相应的课程，能和儿童一起完成课程墙的创设、区域规则的制定、班级收纳标志的制作，能鼓励不同年龄阶段的儿童用绘画、符号等方式表达自己的学习与需要等等。但在实施过程中我们也发现，仍有部分教师教育理念不够开放，对儿童学习潜能认识不足，存在一定程度的包办代替、越俎代庖现象，剥夺了儿童学习与创造的机会。

如班级名片一般包括班级儿童的年龄、性别、身高、体重、属相、班级公约等相关信息。教育理念封闭的教师，依然把环境建设当成任务来完成，觉得让儿童来做这些事情太麻烦了，因此，原本儿童需要经历一周甚至更长时间的探究项目，教师一个中午就把这几项内容整理好了。这样的教师，依然主宰着班级环境的方向和内容，未能充分尊重儿童的主体地位，未能充分发挥儿童在环境与课程建设中的主动性和积极性。而教育理念开放的教师，能用课程的思路来解决班级名片中的每一项内容。如他们采用项目活动的方式进行，先组织全班儿童就班级名片中的研究项目进行选择，然后组成体重研究、身高研究、属相研究等若干项目活动小组，让儿童分别经历性别的统计、分类汇总、呈现，身高的测量、统计、汇总、呈现等研究过程，从而使得班级名片的产生过程就是一个个项目研究的过程，就是一个个科学探究的过程。

二、要充分彰显环境是支持儿童学习的载体

"让每一个墙面都能说话"，增强环境与儿童之间的互动，是幼儿园环境建设的要求之一。自班级环境与班本课程建设中运用思维导图以来，儿童参与度明显增加，他们能用简单的思维导图表达自己对每一个事物的认知，如升入大班的幼儿能用双气泡图表征大班小床与中班小床的相同和不同之处，能用桥型图进行儿歌的学习，能用流程图画出故事的发展历程等等，但在实施过程中也发现，有的班级环境更多是儿童学习结果的呈现，就是一个课程结束了，课程环境才呈现出来，未能充分发挥环境在儿童课程学习过程中的支持作用。

就大家都比较熟悉的幼儿早操而言，这里暂且不讨论早操是否必要，笔者个人觉得，寓游戏性、趣味性与体能运动有机融合的早操还是很有价值的。事实是，每学期开学初，很多老师提前编排好早操，然后带领儿童一遍遍学习，孩子们学得累，老师也教得苦，很少有教师把早操作为一个微课程来研究，在班级环境中也鲜见早操内容的学习。而江苏省如东县爱民路幼儿园，就把大班早操内容以思维导图的形式在班级环境中呈现，通过和儿童的共同审议，把早操分为四部分，第一部分是舞龙（幼儿表征），第二部分是武术操（每个幼儿一个武术动作的图示），第三段部分是体能运动（幼儿表征），第四部分是全体幼儿排成"中国100"的字样（纪念建党100周年）。通过思维导图，大班儿童对早操的结构了然于胸，这使得他们对早操的学习更为顺利和有效。由此可见，班级环境不应该仅仅是课程结果的呈现，更应该成为儿童过程性学习的有效载体。

三、要努力做到环境随时满足儿童发展需要

《纲要》明确指出：环境是重要的课程资源，应通过环境的创设和利用，有效地促进儿童的发展。这里我们所指的环境更多指向于班级的可视化学习环境，如"三墙一名片"的建设、班级收纳等等。大部分老师们能充分认识到班级环境的教育价值，能充分发挥儿童在环境中的主动作用。但在调研中我们也发现，班级环境虽然是儿童参与创设的，如儿童自己规划、自己设计、自己表征等，但还存在着一劳永逸，不能随着儿童的发展而及时调整的现象，因而不能很好地满足儿童进一步学习与发展的需要。

如班级收纳中，小班上学期采用动物和影子匹配或采用颜色相匹配的方式进行，但到了下学期，这个收纳标志依然还在；班级名片中，大班上学期呈现班级儿童的姓名、年龄、身高等元素，大班下学期依然如此；科学区中，开学初呈现的是玩颜色的示意图，学期中游戏内容变化了，但区域墙中依然还是颜色变化的图示；建构区中，建构的主题早就变化了，但建构区的墙饰还是老的等等。出现这样的现象，一方面说明，教师对儿童区域中的学习观察研究还不够，不能很好地把握班级每一个儿童的发展情况；另一方面也说明，教师未能真正认识到环境的教育作用，未能真正认识到环境在促进儿童发展方面的价值。因而，作为教师的我们，要根据儿童的发展需要，及时为他们创设丰富的、动态的且具有挑战性的教育环境，让每个儿童都能跳一跳够得到，都能在原有基础上得到更好的发展。

　　幼儿园视觉化学习环境的建设，是一个不断创新、不断丰富与完善的过程。虽然在前行的过程中依然还会出现很多的问题，但只要相信儿童，就一定能看见儿童的看见，看见儿童的成长；只要完善自己，就能看见自己的成长。期待与本书相遇的您，能够引领儿童走向更为美好的未来。